3포 세대에게 들려주는 희망의 메시지

위대하라

3포 세대에게 들려주는 희망의 메시지

위대하라

초판 1쇄 인쇄 2017년 1월 1일
초판 1쇄 발행 2017년 1월 5일

지은이 ｜ 강건
펴낸이 ｜ 강인구

펴낸곳 ｜ 누림북스
등 록 ｜ 제2015-000029호
주 소 ｜ 서울시 마포구 양화로 78, 502호(서교동, 서교빌딩)
전 화 ｜ 02-3144-3500
팩 스 ｜ 02-6008-5712
이메일 ｜ cdgn@daum.net

교 정 ｜ 이윤경
디자인 ｜ 참디자인

ISBN 979-11-954647-1-5 (03230)

위대한 생각이 위대한 사람을 만들고
위대한 국가를 만드는 것이다

3포 세대에게 들려주는 희망의 메시지

위대하라

강건
지음

누림북스

목차

위대한 생각이 위대한 사람을 만들고
위대한 국가를 만드는 것이다

프롤로그

삶이란 무엇일까?

삶은 소풍이 아닐까?

우리의 삶은 고향인 하늘나라에서 지구별로 잠시 소풍
을 온 것이 아닐까?

우리의 삶이 소풍이라면 항상 행복해야 하지 않을까?

행복한 삶을 원하지 않는 사람이 있을까?

아마도 행복한 삶을 원하지 않는 사람은 한 사람도 없을
것이다. 행복은 모든 사람이 원하는 것이다.

그대의 삶은 어떤가? 그대는 행복한가?

위대하라

대한민국은 OECD국가 중에서 이혼율과 자살률이 1위이다. 특히 청소년 자살률과 노인 자살률이 1위라는 불명예스러운 기록을 갖고 있다.

대한민국이 이혼율과 자살률에서 1위를 달린다는 것은 국민들의 마음이 아프고 약하다는 것이다. 국민들이 약하고 아픈 마음으로 살아가고 있으며 마음에 병이 들었다는 것이다.

대한민국 국민들의 마음의 병을 치유하기 위한 근본적인 대안이 필요하다. 국민들의 마음을 치유하고 힘을 줄 수 있는 새로운 대안을 찾아야 한다. 그러기 위해서는 운명에 순응하지 않고 운명에 맞서 싸울 수 있는 마음의 힘이 필요하다. 아무리 힘들고 어려운 상황이라도 절대로 포기하지 않고 끝까지 맞서 싸울 수 있는 마음의 힘이 필요하다.

행복한 삶을 원하지만 행복하게 살아가지 못하는 이유는 무엇일까? 마음이 작기 때문이다. 마음이 작기 때문에 행복하게 살아가지 못하고 불행하게 살아가는 것이다.

행복은 마음의 크기에 달려 있다. 대한민국의 미래도 마음의 크기에 달려 있다. 개인의 마음이 크면 개인이 행복한 삶을 살 수 있고, 가족들의 마음의 크면 가족들이 행복한 삶을 살 수 있다. 기업 구성원들의 마음이 크면 행복한 기업이 될 수 있고, 국민들의 마음이 크면 대한민국이 행복한 나라가 될 수 있다.

행복한 삶을 위해서는 마음을 최대한 크게 만들어야 한다. 마음을 크게 만들기 위해서는 운명을 바꾸겠다는 각오로 위대한 꿈을 꾸고, 위대한 결심을 하고, 위대한 공부를 시작해야 한다.

사람의 마음에는 엄청난 힘이 들어 있다. 사람의 마음 에너지는 상상을 초월하는 힘을 가지고 있다. 사람 안에는 누구에게나 위대성이 있다. 사람 안에는 누구에게나 잠든 거인이 들어 있다. 누구든지 잠들어 있는 위대한 거인을 깨울 수만 있다면 위대한 삶을 살 수 있다.

당신 안에 잠든 위대한 거인을 깨우라!

위대한 생각을 시작하라!

위대한 생각이

위대한 사람을 만들고

위대한 국가를 만드는 것이다

사람은 변하기가 쉬울까? 아니면 무지무지하게 어려울까? 사람은 변하기가 어렵다. 사람이 변한다는 것은 해가 서쪽에서 뜨는 것만큼이나 어렵고 거의 불가능한 것이다.

"남자는 철들면 죽는다!"라는 말이 있다. 남자는 죽어야 변한다는 것이다. 남자는 죽기 전에는 절대로 변하지 않는다는 것이다. 남자가 변한다는 것은 죽을 만큼이나 어렵다는 말이다. 그래서 여자들이 많은 강연장에서는 "남편이 변하기를 절대 기대하지 말라!"고 말해준다. 남편이 변하는 순간 바로 하늘나라로 가는 것이라고 덧붙이면서 말이다.

"남자는 철들면 죽는다!"라는 말은 사람이 변하기가 그만큼 어렵다는 것을 반증해 주는 말이다. 사람은 변하지 않는다. 사람은 정말 변하지 않는다. 그러면 어떻게 살아야 할까? 사람은 변하기가 어려우니 그냥 이대로 살아야 할까?

그렇지 않다. 사람은 변할 수 있다. 사람은 얼마든지 변할 수 있는 존재이다. 나는 어떤 사람이라도 누구나 다 변할 수 있다고 확신한다.

어떻게 하면 변할 수 있을까? 사람이 변하려면 생각이 변해야 한다. 생각이 변하면 누구나 변할 수 있다. 사람이 변하지 않는 이유는 생각의 변화 없이 노력만 하기 때문이다. 따라서 지금부터는 변화를 위한 노력에 앞서 생각의 변화부터 시도해야 한다.

생각의 변화는 어떻게 하면 될까? 생각의 변화는 위대

위대하라

한 생각을 하는 것이다. 작은 생각을 버리고 크고 위대한
생각을 하면서 사는 것이다.

위대한 생각을 한다는 것에 대하여

위대한 생각을 한다는 것은 무엇을 의미할까?
위대한 생각을 한다는 것은 나를 넘어서 너와 우리를 생각
하며 사는 것이다. 나만을 생각하는 작은 생각에서 너와
우리를 위한 크고 위대한 생각을 하면서 살아가는 것이다.
지금까지는 나와 내 가족만을 생각하면서 살았다면 지금
부터는 사회와 국가를 생각하면서 살아가자는 것이다.

　　나는 지역사회를 위해서 무엇을 할 것인가!
　　나는 대한민국을 위해서 무엇을 할 것인가!
　　나는 지구별을 위해서 무엇을 할 것인가!

위대한 생각을 시작하라!

위대한 생각을 한다는 것은 어제보다 나은 오늘을 꿈꾸고 오늘보다 나은 내일을 꿈꾸는 것이다.

어제보다 나은 오늘을 꿈꾸고 오늘보다 나은 내일을 꿈꾸는 것은 위대한 생각을 하는 것이다. 어제보다 나은 오늘을 꿈꾸고 오늘보다 나은 내일을 꿈꾸는 삶을 사는 것은 결코 쉽지 않기 때문이다.

내가 변한다는 것은 나의 한계를 극복하는 것이다. 나의 한계를 극복한다는 것은 인간의 한계를 극복하는 것이다. 인간의 한계를 극복하는 것이 불가능한 도전을 하는 것이 아니다. 인간의 한계를 극복하는 것은 나의 한계를 극복하는 것이다.

위대한 생각 = '목표+사색+실천'

인간의 한계인 나의 한계를 극복하기 위해서는 위대한

생각인 '목표+사색+실천'을 해야 한다. 나의 한계라는 목표를 정하고 사색하고 실천하면 된다. '목표를 정하고 사색하고 실천한다'라는 간단한 공식이다.

목표를 정하고 실천하는 중간 중간에 생각을 하는 것이다. 목표를 향해 제대로 가고 있는지를 중간 점검을 하는 것이다. 목표를 세우고 사색하고 실천하면 누구나 자신의 한계를 극복하고 위대한 삶을 살게 된다.

"독서하고 사색하고 실천하라!"는 말도 같은 이치이다. 독서를 하는 이유는 실천을 하기 위해서이다. 독서를 하고 실천을 제대로 하고 있는지 중간 중간에 계속해서 생각해보는 것이다. 중간에 점검을 해보고 제대로 실천하고 있으면 계속해서 열심히 노력하면 되고 제대로 실천하지 못하고 있으면 방향을 수정해 가는 것이다. 그러면 누구나 최고의 삶을 살 수 있다.

"배우고 사색하고 실천하라!"는 말도 있다. 우리는 평생 동안 배우고 익히면서 살아야 한다. 우리가 배우는 이유는 실천하기 위해서이다. 따라서 배운 것을 생각해 보고 실천하면 된다. 배우고 실천하는 중간 중간에 배운 것을 바르게 실천하고 있는지를 생각해 보는 것이다.

지금부터는 위대한 생각을 하면서 살아야 한다. 위대한 생각이 위대한 사람을 만들고 위대한 국가를 만들기 때문이다.

위대한 생각을 시작하라!

그대의 미래와 대한민국의 미래를 위해서…

PART
1

위대한 운명으로
위대하라

01
운명아 너는 누구냐?

사람은 누구나 자신만의 운명을 갖고 태어난다. 이 운명은 거부할 수 없다. 물론 운명을 믿는 사람도 있고 믿지 않는 사람도 있을 것이다. 그러나 운명을 믿든 믿지 않든지에 상관없이 운명은 존재한다.

주역(周易)이나 사주명리학(四柱命理學)을 미신으로 여기고 무시하는 사람도 있다. 그러나 미신이 아니라 통계학이라는 학설도 있다. 주역이나 사주명리학은 미신처럼 근거 없는 주장이 아니라는 것이다.

위대하라

많은 사람들의 생년월시를 통계로 내서 학문으로 정립한 것이 주역과 사주명리학이다. 이것을 믿는 것과 믿지 않는 것은 자유지만 통계학이라는 하나의 학문으로 받아 들이고 우리 삶에 적용하는 것도 삶의 지혜가 될 것이다.

주역이나 사주명리학에서는 사람의 운명이 정해져 있다고 말하는데 사람의 운명은 생년월시라는 4개의 기둥에 의해서 결정된다고 한다. 사람은 태어난 생년월시에 따라 각각 다른 운명을 갖고 태어난다는 것이다.

사람은 태어나기 전에는 엄마의 뱃속에서 엄마와 탯줄로 연결되어서 생명을 이어간다. 엄마와 탯줄을 통해서 생명이 연결되던 태아가 세상에 나와서 탯줄을 자르는 순간에 엄마와의 생명의 연결은 끊어지고 하늘의 기운과 연결된다는 것이다. 탯줄을 자르는 순간에 하늘의 기운과 연결되고, 탯줄을 자르는 순간의 생년월시가 그 사람의 운명이 된다는 것이다.

사람은 누구나 생년월시의 절대적인 운명뿐만 아니라 자신이 선택하지 않았지만 절대로 바꿀 수 없는 운명적인 것을 갖고 태어난다.

대표적인 것이 성씨와 혈액형이다. 사람이 태어날 때 갖게 되는 성씨와 혈액형은 바꿀 수 없다. 내가 선택하지 않았지만 성씨와 혈액형이 운명처럼 주어지는 것이다.

어떤 사람은 좋은 환경에서 태어난다. 흔히 귀족이라고 부를 수 있을 정도로 좋은 가정환경이거나 재산이 많은 부잣집에서 태어나 부모님의 사랑을 풍족하게 받으면서 자신이 하고 싶은 것을 마음껏 하면서 자란다. 반대로 어떤 사람은 가정환경이 너무 안 좋은 집안에서 태어난다. 그래서 부모님의 사랑을 거의 못 받고 자라기도 하고 너무 가난해서 공부하고 싶어도 공부할 수 없는 상황에서 자라는 경우도 있다.

어떤 사람은 아주 멋진 신체를 갖고 태어난다. 8등신의 미녀로 태어나거나 기골이 장대한 사내대장부로 태어나기도 한다. 신체적으로 뛰어난 사람들은 많은 사랑을 받으면서 살아간다. 반대로 어떤 사람은 보잘것없는 신체를 갖고 태어나서 사랑을 많이 받지 못하면서 살아간다. 몸무게가

위대하라

많이 나가는 경우도 있고, 키가 작은 경우도 있다. 그래서 신체적으로 뛰어나지 못한 사람들은 많은 무시를 받으면서 살게 된다.

어떤 사람은 좋은 성격을 가지고 태어나서 피스 메이커(peacemaker)가 되어 가는 곳마다 웃음꽃이 피게 만들고 온화하고 밝은 성품으로 모든 사람들과 잘 지낸다. 반대로 어떤 사람은 성격이 좋지 못하여 트러블 메이커(troublemaker)가 되어 사람들과 잘 어울리지 못하고 가는 곳마다 다툼을 일으키기도 한다.

어떤 사람은 좋은 두뇌를 갖고 태어나서 열심히 공부를 하지 않아도 성적이 좋은 경우가 있다. 반대로 어떤 사람은 두뇌가 발달하지 못하여 정말 열심히 노력하지만 좋은 성적을 거두지 못하는 경우도 있다.

과거에는 신분제도라는 운명도 있었다. 한 번 귀족으로 태어나면 죽을 때까지 귀족으로 살았다. 잘한 것이 아무것도 없지만 귀족 집안에서 태어났다는 이유만으로 도련님이나 아씨라고 불리면서 평생을 귀한 대접을 받으면서 살았다. 반대로 노비의 가정에서 태어나면 죽을 때까지 노비로 살았다. 잘못한 것이 아무것도 없지만 오직 노비의 자식으로 태어났다는 이유만으로 평생을 짐승보다 못한 삶을 살아야 했다.

사람에게는 누구에게나 운명이 주어진다. 내가 선택하지 않았지만 태어나면서 운명적으로 주어지는 것들이 있다. 사람들은 대부분 그 운명에 순응하면서 살아간다. 그러나 운명에 순응하면 절대로 안 된다. 운명을 거부하고 운명에 당당하게 맞서 싸우면서 살아야 한다.

운명을 바꾸고 위대한 삶을 산 김구 선생님

운명을 바꾸고 위대한 삶을 산 대표적인 인물로 김구 선생님이 계시다. 김구 선생님은 중인(中人)의 신분으로 태어났지만 대한민국 임시정부의 주석을 지냈다. 주석(主席)은 지금으로 하면 대통령과 같은 지위이다. 구한말(舊韓末)에는 신분제도가 명확하게 남아 있었다. 때문에 중인 신분으로

위대하라

임시정부의 주석이 된 것은 운명을 완전히 바꾼 엄청난 일이었다.

1876년 황해도의 아주 가난한 집안의 외아들로 태어난 김구 선생님은 중인의 신분을 극복하고 더 나은 삶을 살 수 있는 방법은 과거에 급제하는 것뿐이라고 생각해 정말 열심히 과거 시험을 준비하였다.

그러나 열심히 준비했지만 부패한 과거제도에 희망이 없다는 것을 알고 과거를 포기하였다. 과거를 포기하고 방황하던 중에 아버지로부터 관상쟁이가 되라는 말을 듣고 관상학을 공부하게 되었다. 관상학을 공부하던 중 거울을 통해서 자신의 관상을 살펴보았다. 자신의 관상에서는 복이 되는 부분은 하나도 없고 가난과 살인으로 감옥살이를 할 상이라는 것을 알게 되었다.

김구 선생님은 나쁜 관상 때문에 처음에는 많은 좌절을 하였다. 그러나 "얼굴이 잘생긴 관상은 몸이 튼튼한 신상만 못하고, 몸이 튼튼한 신상은 마음씨가 좋은 심상만 못하다"라는 문구를 발견하였다. 김구 선생님은 마음이 좋은 것이 잘생긴 얼굴이나 튼튼한 신체보다 좋은 것이라는 말에 용기를 얻었다.

마음이 좋은 것이 가장 좋은 것이라는 것을 알고 이후로는 마음을 맑고 깨끗하게 가꾸는 것을 최우선으로 하는 공부를 하게 되었다. 마음을 바르고 맑고 깨끗하게 가꾸던 중 김구 선생님은 더 많은 용기를 얻게 되었다. 그리고 '내가 이 민족으로 태어났으니 나라를 위하여 목숨을 바쳐서 충성하리라'는 결심을 하게 되었다.

김구 선생님은 주어진 환경이나 상황보다는 마음가짐이 가장 중요하다는 것을 깨닫고 마음을 수양하는 것을 가장 중요한 것으로 여기고 학문을 쌓는 데 힘을 다하여 정진하였다. 마음을 수양하는 것과 학문을 쌓기 위해서 열심히 노력한 김구 선생님은 모든 어려움을 극복하고 결국 대한민국 임시정부의 주석이 되었다.

김구 선생님은 중인의 신분과 좋지 않은 관상을 갖고 있었지만 마음가짐의 중요성을 깨닫고 열심히 노력하여 자신의 운명을 극복하였다. 자신의 운명을 넘어 나라와 민족을 위해서 생명을 아끼지 않고 최선을 다하는 삶을 사셨다. 결국 김구 선생님은 대한민국에서 가장 존경받는 사람이 되었다. 상황과 환경을 탓하지 않고 운명을 바꾸기 위해서 열심히 노력한다면 누구나 김구 선생님처럼 자신의 운명을 극복하고 위대한 삶을 살 수 있다고 확신한다.

지금부터는 운명을 만들어 가야 한다. 과거를 바꿀 수 없고 현재도 바꿀 수 없지만 미래는 얼마든지 바꿀 수 있다. 현재를 충실히 살아서 미래를 만들어 가는 것이 운명을 바꾸는 것이고, 운명을 만들어 가는 것이다.

세상을 원망하고 신세를 한탄하고 있다면 지금 바로 벌떡 일어나라. 일어나서 운명을 바꾸는 위대한 도전을 시작하라. 그러면 거대한 운명의 문이 당신을 위해서 열릴 것이다.

운명을 바꾸는 당신의 위대한 도전을 응원한다.

01
·
운명아 너는 누구냐?

02
운명의 노예 VS 운명의 주인

운명의 노예로 살 것인가?

아니면 운명의 주인으로 살 것인가?

운명은 정해져 있다. 그러나 운명은 바꿀 수 있는 것이다.
물론 큰 틀에서는 운명이 정해져 있다는 것은 맞는 말이
다. 그러나 큰 틀에서의 운명은 바꿀 수 없지만 미래의 운
명은 얼마든지 바꿀 수 있는 것이다.

운명에 순응하지 않고 운명에 맞서 싸우겠다는 결심을

위대하라

하고 하루하루를 뜨겁게 살아간다면 얼마든지 운명을 바꾸는 위대한 삶을 살 수 있다.

고대 로마 철학자 세네카(Seneca)는 "운명은 용기 있는 사람 앞에서는 약하고 비겁한 사람 앞에서는 강하다"라고 말했다. 운명은 사람에 따라 다르게 반응한다는 것이다. 운명은 강한 사람 앞에서는 약하고, 약한 사람 앞에서는 강하게 반응한다는 말이다.

사람의 마음이 강하면 얼마든지 운명을 극복하면서 살아갈 수 있고, 사람의 마음이 약하면 운명에 굴복하면서 살아갈 수밖에 없다는 것이다. 마음이 약하면 운명의 노예로 살 수밖에 없지만 마음이 강하면 운명의 주인으로 살아갈 수 있다. 지금부터 우리는 운명의 노예가 아니라 운명의 주인으로 살아갈 수 있는 마음의 힘을 길러야 한다. 마음이 강한 사람이 되어 운명의 노예가 아니라 운명의 주인으로 살아가야 한다.

강한 사람이 운명을 바꾼다

운명을 바꾸려면 강한 사람이 되어야 한다. 자신의 운명에 맞서 싸울 수 있는 강한 힘이 있어야 한다. 자신의 운명에 절대로 굴복하지 않고 끝까지 맞서 싸울 수 있는 강한 힘이 필요하다는 것이다. 나약한 마음과 정신으로는 절대로 운명을 바꿀 수 없다.

운명을 바꿀 수 있는 강한 힘은 어떤 힘일까? 운명을 바꾸는 힘은 외부적인 힘이 아니라 내부적인 힘이다. 마음의 힘이라는 것이다. 운명을 바꿀 수 있는 힘은 마음의 힘이고, 마음이 강한 사람이 운명을 바꿀 수 있다. 따라서 운명을 바꾸려면 마음의 힘을 강하게 해야 한다.

마음의 힘을 강하게 하려면 어떻게 해야 할까?

세상에는 3대 힘이 있다. 돈과 권력과 지식이다. 사람은 돈이 많거나 권력이 많거나 지식이 많으면 마음의 힘이 강해진다. 돈과 권력과 지식이 마음의 힘을 강하게 만드는

위대하라

이유는 자신감 때문이다. 자신감은 준비가 많이 되어 있거나 가진 것이 많으면 나오는 것이다.

돈과 권력과 지식 중에서 가장 강한 힘은 지식의 힘이다. 돈과 권력은 사라질 수 있지만 지식은 영원하고 돈과 권력은 빼앗을 수 있지만 지식은 절대로 빼앗을 수 없기 때문이다. 따라서 돈과 권력과 지식 중에서 가장 먼저 추구해야 할 힘은 지식의 힘이다. 돈과 권력은 내가 얻고 싶다고 해서 마음대로 얻을 수 있는 것이 아니다. 그러나 지식은 내가 마음먹은 대로 얼마든지 얻을 수 있는 것이다.

우리가 가장 먼저 추구해야 할 것은 지식이다. 지식을 많이 쌓아서 마음의 힘이 강해지면 돈과 권력도 자연스럽게 따라오게 된다. "돈을 따라가지 말고 돈이 따라오게 만들어야 한다"라는 말이 있다. 돈은 따라가는 것이 아니라 따라오게 만들어야 한다는 말이다.

돈을 따라간다는 말은 무엇일까? 돈을 따라간다는 것은 돈을 벌 능력이 없는데 돈을 벌려고 애쓰는 것을 말한다. 돈이 따라오게 하는 것은 무엇일까? 돈이 따라오게 한다는 것은 돈을 벌 수 있는 능력이 있어서 돈을 벌려고 애쓰지 않아도 자연스럽게 돈을 벌게 된다는 말이다.

논어(論語) 이인(里仁) 편에는 "지위가 없음을 걱정하지 말고, 그 자리에 설 수 있는 능력을 갖추기를 걱정해야 하며, 자기를 알아주지 않는 것을 걱정하지 말고, 남이 알아줄 만하게 되도록 노력해야 한다(不患無位, 患所以立, 不患莫己知, 求爲可知也)"라는 말이 있다. 즉, 자리를 탐하지 말고 자리에 합당한 사람이 되라는 말이다. 돈과 권력이 따라오게 만들려면 먼저 돈과 권력이 따라올 만한 사람이 되어야 한다.

돈과 권력이 따라올 만한 사람이 되려면 어떻게 해야 할까? 먼저 지식을 쌓는 것이 가장 좋은 방법이다. 지식과 삶의 경험이 버무려지면 지혜가 생긴다. 지혜가 생기면 마음의 힘이 강해져서 자연스럽게 돈과 권력이 따라오게 되는 것이다.

위대하라

좋은 사람이 운명을 바꾼다

좋은 사람은 어떤 사람일까? 일반적으로 좋은 사람은 착한 사람을 말한다. 그러나 착한 사람이 다 좋은 사람은 아니다. 착하다는 것은 친절하다는 뜻을 내포하기도 하지만 세상 물정을 잘 모르는 순박함을 뜻하기도 하기 때문이다. 친절하고 순수한 것은 좋지만 세상 물정을 모르는 것은 좋은 사람의 기준에서는 많이 벗어나는 것이다.

그렇다면 어떤 사람이 좋은 사람일까? 좋은 사람은 지혜로운 사람이다. 지혜로운 사람은 분별하는 능력이 탁월한 사람이다. 분별하는 능력이란 사람과 상황과 환경의 변화에 따라 적절하게 대처하는 능력을 말한다. 한마디로 임기응변에 능한 사람이라는 것이다. 사람의 성향은 모두 다르고 상황과 환경도 시시때때로 변하는데 그 변화에 대처하는 능력이 지혜라는 것이다.

사람의 평가는 주관적인 경우가 많다. 다른 사람에게는 좋은 사람이 나에게는 좋지 않은 사람일 수도 있고, 다른 사람에게는 좋지 않아도 나에게는 좋은 사람인 경우도 있다.

좋은 사람의 기준은 나에게 맞는 사람이다. 지혜로운 사람은 다양한 사람들과 다양한 상황과 환경에서 다양한 방법으로 맞춰 줄 수 있는 사람이다. 지혜로운 사람이 좋은 사람인 두 번째 이유는 자기 중심의 사람에서 상대방 중심의 사람으로 바뀌기 때문이다.

지혜가 있다는 것은 시야가 넓다는 의미이다. 시야가 넓은 사람은 자신을 넘어서 상대방을 본다. 그래서 자기를 넘어서 상대방을 위해서 살 수 있는 사람이 좋은 사람인 것이다. 시야가 좁은 사람은 자신을 넘어서지 못하고 자신의 앞가림도 하지 못하는 사람이다. 지혜로운 사람은 자신을 넘어 다른 사람을 위해서 살기 때문에 운명을 바꾸는 좋은 사람이 되는 것이다.

운명을 바꾸려면 좋은 사람이 되어야 하고 좋은 사람은 지혜로운 사람이라고 말했다. 그러면 지혜로운 사람이 되려면 어떻게 해야 할까?

지혜로운 사람이 되기 위해서는 자신이 직접 경험을 하

면서 지혜를 얻는 것이 가장 좋은 방법이다. 그러나 지혜를 얻기 위하여 세상 모든 일을 다 경험해 볼 수는 없다.

모든 것을 직접경험을 통해서 지혜를 얻을 수 없다면 간접경험을 통해서 지혜를 얻어야 한다. 간접경험을 통하여 지혜를 얻는 가장 좋은 방법은 자신보다 먼저 경험한 사람에게 조언을 구하는 것이다. 사람이 직접 경험한 지혜를 '살아있는 지혜'라고 말한다. 조언을 구하는 것은 타인이 힘들고 어렵게 공부하고 경험하여 얻은 지혜를 쉽게 나의 것으로 만드는 효과가 있다.

간접경험의 두 번째 방법으로는 방송이나 언론을 통해서, 신문이나 인터넷 검색, 스마트폰이나 독서를 통해서 지혜를 얻는 방법이 있다. 간접경험으로 지혜를 얻기 위해 경험이 있는 모든 사람을 다 만날 수는 없다. 그래서 대중매체를 활용하는 것이다.

"배우려는 사람에게는 만물이 스승이다"라는 말이 있다. 배우려는 마음만 있으면 모든 것을 통해서 배울 수 있다는 것이다.

좋은 사람이 되기 위해서는 경험을 통해서 지혜를 얻어야 한다. 그러나 경험이 모두 지혜가 되는 것은 아니다. 따라서 경험이 지혜가 되게 하려면 경험을 지혜로 만드는 활동을 해야 한다.

경험을 지혜로 만드는 활동으로는 사색(思索)이 가장 좋은 방법이다. 소크라테스(Socrates)는 "반성하지 않는 삶은 살 가치가 없다"고 말했다. 이 말은 매일 삶을 돌아보고 발전하는 삶을 살자는 것이다. 매일 삶을 돌아보고 교훈을 얻어서 성장하는 삶을 살아가자는 것이다. 경험한 것을 사색을 통하여 지혜로 만들어 가자는 말과 일맥상통하는 말이다.

사색은 경험을 버무리는 역할을 한다. 김치가 맛을 내려면 갖가지 재료가 버무려지고 숙성되는 과정을 거쳐야 한다. 맛있는 김치가 되려면 배추, 고춧가루, 젓갈, 양념 등이 따로따로 있어서는 안 된다. 각각의 재료가 잘 버무려지고 숙성이 되어야 김치의 맛을 제대로 낼 수 있다.

마찬가지로 경험도 사색 과정을 거쳐서 버무려지고 숙

위대하라

성될 때 지혜가 될 수 있다. 사색은 자신이 직접 경험한 것과 간접경험을 통해서 얻은 것을 깊이 생각해 보는 것이다. 그래서 삶의 교훈으로 승화시켜서 발전시킬 것은 발전시키고 개선할 것은 개선해 가면 되는 것이다. 그러면 경험이 지혜가 되는 것이다.

긍정적인 사람이 운명을 바꾼다

사람을 만나서 이야기를 나누다 보면 긍정적인 사람과 부정적인 사람으로 나누어진다. 긍정적인 사람을 만나면 마음의 힘을 얻고, 부정적인 사람을 만나면 힘이 빠지게 된다. 긍정적인 사람은 현실이 절망적이어도 희망을 찾는 사람이고 부정적인 사람은 현실이 희망적이어도 절망을 찾는 사람이다.

긍정적인 삶의 태도와 부정적인 삶의 태도는 자신이 선택하는 것이다. 어차피 현실은 쉽게 바뀌지 않는다. 다만 자신의 선택만 남아 있을 뿐이다. 자신의 선택에 의해서 삶의 태도가 완전히 달라지는 것이다. 그래서 긍정적인 사람은 현실과는 상관없이 행복한 삶을 살게 되고, 부정적인 사람은 현실과는 상관없이 불행한 삶을 살게 되는 것이다.

카네기(Carnegie)는 "두 사람이 감옥에서 창밖을 바라보았다. 한 사람은 진흙탕을, 다른 한 사람은 별을 보았다"고 말했다. 두 사람이 함께 절망스러운 상황을 보내고 있었지만 한 사람은 별을 보면서 희망을 발견했고 다른 한 사람은 진흙탕을 보면서 절망에 빠졌다. 두 사람의 운명은 어떻게 되었을까?

행복하고 성공적인 삶을 살려면 사람의 노력과 하늘의 축복이 동반되어야 한다. 사람의 노력과 하늘의 축복이 함께 하려면 '진인사대천명(盡人事待天命, 사람이 할 수 있는 일을 다하고서 하늘의 뜻을 기다림)'의 삶이 답이다. '진인사대천명'의 자세로 살아가는 것이 행복하고 성공적인 삶을 살아가는 가장 좋은 방법이다. 사람이 할 수 있는 최고의 노력을 다한 후에 결과는 하늘에 맡기고 하늘의 축복을 기다리는 것이다.

위대하라

하늘은 어떤 사람에게 축복을 해 줄까? 모든 상황을 긍정적으로 받아들이고 하늘과 사람에게 항상 감사하면서 살아가는 사람을 축복해 줄까, 아니면 모든 상황을 부정적으로 보면서 하늘과 사람에게 원망과 불평을 늘어놓는 사람을 축복해 줄까? 당신이 하늘이라면 어떤 사람을 축복해 주겠는가?

카네기는 또한 "내가 본 성공한 사람들은 모두가 늘 명랑하고 희망에 가득 차 있는 사람들이었으며, 늘 웃으며 일을 해 나가고 생활 속의 변화가 즐거운 것이든 슬픈 것이든 당당히 맞이하는 사람들이었다"라고 말했다.

성공학의 대가인 카네기는 수없이 많은 성공한 사람들을 만나서 인터뷰를 하였다. 카네기의 말에 의하면 성공한 사람들의 대다수는 긍정적인 사람이라고 한다. 모든 상황을 긍정적으로 받아들이고 자신의 운명에 맞서 싸운 긍정적인 사람들이 결국 행복하고 성공적인 삶을 살게 된다는 것이다.

운명을 바꾸려면 반드시 긍정적인 삶의 태도를 갖고 있

어야 한다. 운명을 바꿀 수 있는 긍정적인 삶의 태도를 갖기 위해서는 어떻게 해야 할까?

첫 번째는 나에게 긍정적인 영향을 미치는 것은 가까이 하고 부정적인 영향을 미치는 것은 피해야 한다. 긍정적인 사람과 책과 미디어는 가까이하되 부정적인 사람과 책과 미디어는 피하는 것이 좋다.

두 번째는 목표를 세워야 한다. 긍정적인 사람은 목표의식이 분명한 사람이고 부정적인 사람은 목표의식이 불분명한 사람이다. 목표가 있다는 것은 갈 곳이 있다는 것이고 목표가 없다는 것은 갈 곳이 없다는 것이다. 갈 곳이 있는 사람과 갈 곳이 없는 사람의 삶의 태도는 확연하게 다를 수밖에 없다.

세 번째는 차선책을 찾아야 한다. 차선책은 최선의 선택이 사라졌을 때 찾는 것이다. 사람의 마음이 무너지는 것은 최선의 선택이 무너졌을 때이다. 그러나 최선의 선택이 무너졌을지라도 항상 차선책을 염두에 두면서 살아가는 사람의 마음은 쉽게 무너지지 않는다.

운명을 바꾸는 것은 결코 쉬운 일이 아니다. 운명을 바꾸는 것이 쉬운 일이라면 이 세상에서 불행하게 사는 사람은 아무도 없을 것이다. 그래서 우리에게는 긍정적인 삶의 태도가 필요하다. 운명을 바꾸기 위해서라면 초 긍정 마인드로 무장해야 한다. 그래서 어떤 상황과 환경에서도 끝까지 포기하지 않고 긍정적인 삶의 태도로 도전하고 극복하는 삶을 살아야 한다.

2016년 브라질 리우 올림픽에서 펜싱 에페경기에 출전한 박상영 선수는 전 국민을 감동에 몰아넣으면서 극적으로 금메달을 따 냈다. 박상영 선수는 결승전에서 상대 선수에게 14대 10으로 지고 있었다. 펜싱 경기는 15점을 먼저 득점한 선수가 승리를 차지하게 되는데 에페 종목은 다른 종목과 달리 동시에 찌르면 양쪽에 모두 다 득점이 인정되는 경기이다.

동시 찌르기가 인정되는 펜싱 경기에서 14대 10이라는 점수 차를 극복한다는 것은 거의 불가능한 것이다. 박상영 선수도 거의 포기하였고 시청자들과 중계진들도 어렵다고 생각하였다. 그 순간 관중석에서 "할 수 있다!"라는 외침이 들려왔다. "할 수 있다!"는 이 외침이 박상영 선수의 나약한 정신을 깨웠고 불타는 의지를 불러일으켰다. 박상영 선수는 계속해서 "할 수 있다!"를 외치면서 경기에 임했고 14대 14로 동점으로 만들었고 결국 15대 14로 승리하고 금메달을 목에 걸었다.

박상영 선수는 절망적인 상황에서도 끝까지 포기하지 않았고 결국 금메달을 따 냈다. 우리에게 필요한 것이 바로 이런 정신이다. 아무런 희망이 없어 보이는 상황에서도 절대로 포기하지 않고 할 수 있다는 강한 신념이 필요하다.

운명을 바꾸기 위해서는 어떤 상황과 환경에서도 초 긍정 마인드를 유지해야 한다. 아무리 힘들고 어려운 상황에 처했더라도 초 긍정 마인드를 유지하고 도전하면 모든 것을 극복할 수 있다.

자신이 할 수 있는 모든 것이 사라질 때까지는 최선을

다하는 삶을 살아야 한다. 그러면 운명도 나에게 길을 열어 줄 것이고, 운명을 바꾸는 위대한 삶을 살 수 있게 될 것이다.

03
운명을 바꾸는 창조적 인재 이야기

운명을 바꾼다는 것은 인간의 한계를 극복한다는 것이다. 운명을 바꾼다는 것은 '경천동지(驚天動地, 하늘을 놀라게 하고 땅을 흔든다는 뜻으로 세상을 몹시 놀라게 하는 것)'할 만한 수준의 삶의 혁명적인 변화가 있는 것이다. 운명을 바꾼다는 것은 세상이 깜짝 놀랄 만한 엄청난 일을 해내는 것이다.

우리는 이런 사람을 창조적 인재라고 부른다. 모든 사람들이 깜짝 놀랄 만한 업적을 남겨 세상의 진일보(進一步)를 가져오는 사람이 창조적 인재가 되는 것이다.

위대하라

창조적 인재와 보통 사람의 차이는 생각의 차이다. 창조적 인재들은 남다른 생각을 하는 사람이고 보통 사람들은 평범한 생각을 하는 사람이다. 남다른 생각을 한다는 것은 불편한 것을 참지 않는다는 것이고 평범한 생각을 한다는 것은 불편한 것을 참고 견딘다는 것이다. 불편함을 참고 견디는 사람은 보통 사람이고, 참지 않고 바꿔야겠다고 생각하는 사람이 창조적 인재인 것이다.

남다른 생각을 하는 창조적 인재와 보통 사람의 가장 큰 차이는 불편함을 대하는 태도이다. 보통 사람들은 불편한 상황이나 물건이 있으면 그냥 받아들인다. 불편함을 받아들이고 참고 견딘다. 그러나 창조적 인재는 다르다.

창조적 인재는 불편함을 참지 않고 바꿔야겠다고 생각한다. 불편함을 참지 않고 바꿔야겠다고 생각하는 것이 혁신을 이끌 수 있는 창조적인 발상이다. 세상의 모든 변화와 혁신을 이끄는 창조적 인재들은 대부분 불편함을 참지 않고 바꾸겠다고 결심한 사람들이었다.

운명을 바꾸는 창조적 인재의 대명사는 스티브 잡스

(Steve Jobs)이다. 스티브 잡스는 디지털 혁명을 이끌었다. 디지털 혁명을 이끈 사람으로 세계사에 기록될 역사적인 인물이다.

창조적 인재인 스티브 잡스가 남긴 많은 말 중에서 가장 주목을 끈 것은 "Think different"이다. 이 말은 다르게 생각하자는 것으로 남다른 생각을 하자는 뜻이다. 남다른 생각을 한다는 것은 보통 사람의 생각을 완전히 뛰어넘는 것이다. 스티브 잡스는 애플의 직원들에게 평범한 생각과 보통 생각을 뛰어넘어 남다른 생각을 하자고 강조하였다.

스티브 잡스가 애플을 성장시킬 수 있었던 것은 남다른 생각을 하는 창조적 인재였기 때문이다. 애플이 세계 1위 기업으로 성장할 수 있었던 것은 남다른 생각을 할 수 있는 창조적 인재들이 많았기 때문이다.

스티브 잡스는 디지털 혁명을 이끈 창조적 인재가 되었다. 그는 두 번의 혁명을 이끌었는데 대형 컴퓨터를 소형 컴퓨터로 만든 것과 스마트폰을 개발한 것이다. 스티브 잡스가 개인용 컴퓨터를 개발하기 전에는 컴퓨터가 피아노보다 더 컸다. 그래서 개인은 컴퓨터를 소유할 수 없었고 관공서나 군부대 같은 곳에만 있었다. 창조적 인재인 스티브 잡스는 컴퓨터를 작게 만들어야겠다고 생각했다. 컴퓨터를 작게 만들어서 모든 가정에서 개인용으로 사용할 수 있게 만들어야겠다고 생각했다.

우리의 삶에 디지털 혁명을 가져온 스마트폰도 스티브 잡스가 만든 것이다. 어쩌면 스티브 잡스를 세계적인 인물로 만들어 준 것은 스마트폰을 개발한 것이다. 스티브 잡스가 스마트폰을 만들기 전에도 이미 컴퓨터와 휴대폰이 있었다. 보통 사람들은 두 가지를 함께 사용하는 것을 불편하게 생각하지 않지만 남다른 생각을 하는 창조적 인재들은 다르다. 창조적 인재들은 불편함을 참지 못한다. 창조적 인재인 스티브 잡스는 불편함을 참지 않고 두 가지 기기를 하나로 묶어야겠다고 생각했다. 그래서 탄생한 것이 스마트폰이다.

스티브 잡스의 힘은 여기에 있다. 그는 다른 사람들이 도저히 할 수 없는 것을 이룬 것이 아니다. 단지 다른 사람이 생각해 내지 못한 것을 한 발 먼저 생각해 낸 것일 뿐이다.

콜럼버스(Christopher Columbus)의 달걀을 아는가? 콜럼버스의 달걀은 창조적 인재들만이 할 수 있는 발상의 전환의 대표적인 예이다.

신대륙 탐험에 성공하고 돌아온 콜럼버스는 연일 거듭되는 축하잔치에 초대되었다. 대부분의 사람들이 콜럼버스를 축하해 주었지만 시기하는 사람들도 있었다. 콜럼버스를 시기하는 사람 중에 한 명이 "대서양의 서쪽으로 가서 새로운 섬을 발견하는 것이 그렇게 대단한 공로일까요? 당신이 아니더라도 누구나 할 수 있는 일이 아닐까요?"라고 말했다. 그러자 콜럼버스는 탁자 위에 있는 달걀을 집어 들고 "누가 이 달걀을 세울 수 있습니까? 여러분 중에 누구든지 좋습니다. 한 번 세워 보십시오"라고 외쳤다. 사람들은 콜럼버스의 말을 듣고 달걀을 세워 보려고 시도했지만 모두 실패하였다.

위대하라

"할 수 없습니까? 그럼 제가 해 보겠습니다."

콜럼버스는 달걀의 끝을 탁자에 쳐서 깨뜨리고 깨진 부분을 아래로 해서 달걀을 세웠다. 콜럼버스는 "달걀의 끝을 깨서 세우는 것은 쉽습니다. 다른 사람이 먼저 한 것을 따라하는 것은 쉽습니다. 그러나 처음부터 자기 힘으로만 하는 것은 쉽지 않습니다. 신대륙을 발견한 것은 처음부터 나의 힘으로만 했기 때문에 쉽지 않았습니다"라고 말했다.

창조적 인재의 힘이 바로 이것이다. 창조적 인재들이 사람의 힘으로는 절대로 불가능한 것을 이룬 것이 아니다. 남다른 생각과 발상의 전환을 한 것일 뿐이다.

알렉산더 대왕의 꼬인 실타래 이야기도 있다. 알렉산더 대왕은 꼬인 실타래를 풀어야 세계를 정복할 수 있다는 말을 듣고 신전으로 가서 꼬인 실타래를 풀지 않고 잘라 버렸다.

물론 알렉산더 대왕의 꼬인 실타래에는 여러 가지 반문

이 있다. 시간이 더 걸리더라도 꼬인 실타래의 실마리를 찾아서 문제를 해결하는 것이 순리라고 주장하는 사람들도 있을 것이다. 실마리를 찾아서 순리대로 해결하는 것도 일리는 있다. 그러나 여기서는 발상의 전환에 대해서 생각해 보자는 것이다. 꼬인 실타래를 푸는 것은 실마리를 찾아서 천천히 해결해 가는 것이 일반적이다. 그러나 알렉산더 대왕의 위대성은 발상을 전환하여 아무도 생각하지 못하는 창조적인 방법을 사용했다는 것에 있다.

남다른 생각을 하는 창조적 인재가 되는 것은 어려운 것이 아니다. 보통 사람이 도저히 할 수 없는 생각을 하는 사람이 창조적 인재라면 창조적 인재는 아무나 될 수는 없다. 그러나 창조적 인재가 되는 것은 그렇게 어려운 것이 아니다. 창조적 인재가 되는 것은 쉽다. 어떤 사람이라도 남다른 생각만 할 수 있으면 창조적 인재가 될 수 있기 때문이다.

사람은 누구나 자신의 생각의 한계에 갇혀 있다. 자신

의 생각을 관념이라고 하는데 자신의 관념은 고정되어 있다고 한다. 고정관념 때문에 자신의 생각의 한계에 갇혀서 남다른 생각을 할 수 없게 되는 것이다.

자신의 생각의 한계인 고정관념에 갇혀 있는 사람은 창조적 인재가 되어 남다른 생각이나 발상의 전환을 하기가 어렵다. 대한민국의 미래를 위해서 자신의 생각의 한계에서 벗어나 남다른 생각과 발상의 전환을 하는 창조적 인재의 길을 걷는 사람이 많아져야 한다. 지금부터 남다른 생각과 발상의 전환을 하는 창조적 인재가 되기 위한 위대한 도전을 시작하기를 바란다.

04
대한민국에는 창조적 인재가 필요하다

대한민국에는 창조적 인재가 절실하게 필요하다. 대한민국에 창조적 인재가 필요한 이유는 국토가 좁고 인구가 적고 자원이 부족하기 때문이다. 이러한 대한민국의 상황을 객관적으로 생각해 볼 때 현실적으로 대한민국의 미래는 불투명하다. 대한민국의 오천 년 역사가 이것을 증명해 주고 있다. 오천 년 동안 대한민국의 백성들은 대부분 헐벗음과 굶주림에 시달리면서 살았다.

　대한민국이 강하고 아름다운 나라가 되기 위해서는 남

위대하라

다른 생각을 하는 창조적 인재가 많아져야 한다. 창조적 인재가 많아져서 대한민국을 이끌고 나가야 한다. 대한민국은 세계 10위권 안에 드는 경제대국이다. 현재의 대한민국은 오천 년 역사 가운데 가장 부강한 시대를 살고 있다. 그러나 부강한 대한민국을 유지하기 위해서는 더 강한 나라가 되어야 한다. 대한민국이 더 강한 나라가 되기 위해서 창조적 인재들이 많아져야 한다.

대한민국에 창조적 인재가 많아져야 하는 또 다른 이유는 우리나라가 3개의 강대국에 둘러싸여 있기 때문이다. 일본과 러시아 그리고 중국이 우리를 둘러싸고 있다. 지금은 대한민국의 힘이 3개국과 경쟁이 가능한 상황이지만 우리가 다시 힘을 잃으면 그들의 희생양이 될 수밖에 없다.

러시아는 지난 2014년 3월에 우크라이나를 침공하여 크림반도를 차지하였다. 러시아는 국익을 위해서라면 대한민국을 침공할 수도 있다.

일본은 툭하면 독도를 일본 땅이라고 우기고 있고 아직

도 위안부 문제를 포함한 과거사를 사과하지 않고 있다.

중국은 2011년에 동북공정(東北工程)의 일환으로 '아리랑'을 중국 노래라고 우기면서 유네스코에 등재하려고 했다. 2016년에는 사드 문제로 대한민국을 다양한 방법으로 압박하고 있다. 대한민국이 현재는 세계 10위권의 경제 강국이지만 우리나라가 힘을 잃으면 저들의 희생양이 될 수밖에 없을 것이다.

현재 대한민국은 오천 년의 역사 가운데 가장 강한 시대에 있음에도 불구하고 저들이 툭하면 우리를 힘들게 하고 있는 상황이다. 만약에 대한민국이 다시 힘을 잃는다면 상상하기도 싫은 일이 일어날 수도 있다.

한 개인이 힘이 없으면 다른 개인에게 지배를 받고, 한 가정이 힘이 없으면 다른 가정에게 지배를 받고 살게 된다. 한 기업이 힘이 없으면 다른 기업의 지배를 받고, 한 나라가 힘이 없으면 다른 나라의 지배를 받을 수밖에 없다.

대한민국은 오천 년의 역사 동안 외세에 의해서 936회의 침략을 당했다. 오천 년의 역사 가운데 천 번 가까운 침략을 받았다는 것은 오 년에 한 번씩 침략을 받았다는 것이다. 강대국들이 오 년에 한 번씩 침략해서 대한민국의 금수강산을 피로 물들인 것이다.

구한말에는 나라의 힘이 극도로 약해져서 일본에 나라를 빼앗기게 되었다. 나라를 빼앗기고 36년 동안이나 일제강점기로 보냈다. 우리 선조들이 일본에게 나라를 빼앗기고 얼마나 많은 고통을 받았는지 말로 다 표현할 수가 없다.

100년 전에 대한민국이 힘이 없어서 일본에게 나라를 빼앗겨 고통을 당한 것은 우리가 잘 기억한다. 그러나 고려 말인 700년 전에 나라의 힘이 없어서 몽고에게 나라를 빼앗긴 것은 잘 기억하지 못하고 있다.

700년 전인 고려 말에도 우리나라는 힘이 없었다. 몽고가 고려를 침공할 때의 몽고 황제는 쿠빌라이 칸이었다. 쿠빌라이 칸은 몽고의 초대 황제인 칭기즈칸의 손자이다. 몽고가 고려를 침공하여 정복 전쟁을 벌일 당시 고려군은 무용지물이나 다름없었다.

우리는 삼별초의 대몽항쟁을 잘 알고 있다. 삼별초 항쟁은 13세기에 고려가 몽고에 대항하여 강화도에서 몽고와 싸움을 벌였던 대몽항쟁이다. 1270년에 원종은 몽고에 항복하고 수도인 개경으로 돌아가기로 결정하였다. 삼별초들은 개경으로 돌아가는 것은 몽고에게 나라를 빼앗기는 아주 치욕스러운 일라고 여기고 대몽항쟁에 들어간다. 강화도에서 대몽항쟁을 시작한 삼별초는 남쪽으로 계속 밀리게 되었다. 결국 진도와 제주도까지 밀려가서 패하게 되면서 사실상 고려는 몽고에게 나라를 빼앗기게 된다.

몽고는 고려를 정복하고 나서 정략결혼을 요구하였다. 고려 25대 충렬왕은 몽고의 제국대장 공주와 결혼하였다. 충렬왕 때부터 고려의 왕들은 몽고의 공주와 결혼을 하였다. 고려의 왕들이 몽고의 공주와 결혼하여 아들을 낳으면 그 왕자는 몽고에 볼모로 가서 교육을 받으면서 자라게 된다. 고려의 왕자들은 몽고의 공주의 아들로 태어나서 외가인 몽고에서 교육을 받으면서 자라다가 고려의 왕이 죽거나 유고(遺稿)가 발생하게 되면 고려로 돌아와서 왕

54   위대하라

이 되었다.

엄마가 몽고의 공주이고 어려서부터 외가인 몽고에서 자란 왕이 과연 고려의 왕이었을까, 아니면 몽고의 신하였을까? 고려의 왕이 아니라 몽고의 신하로서의 역할에 충실했을 것이다. 그때의 왕들은 어쩔 수 없이 정체성의 혼란을 겪었을 것이다. 왕들만 혼란을 겪은 것이 아니라 고려의 모든 백성들도 정체성의 혼란을 겪었다.

고려 말에 100년 동안 몽고의 문화가 고려를 지배하였다. 당시 몽고에서 유행하던 변발이 고려에서도 유행하였고 몽고풍의 옷들도 유행하였다.

고려의 25대 충렬왕부터 30대 충정왕까지 6명의 왕 이름 앞에 충(忠)이라는 글자가 붙는다. 일반적으로 왕의 호칭은 광개토대왕이나 세종대왕이라는 호칭으로 불리지만 고려의 6명의 왕은 충자로 시작한다. 6명의 왕의 호칭은 충렬왕, 충선왕, 충숙왕, 충혜왕, 충목왕, 충정왕이다. 이것이 무엇을 뜻하겠는가? 충으로 시작하는 왕의 이름은 몽고에서 일방적으로 만든 이름이다. 당시 6명의 왕은 고려의 왕이 아니라 몽고의 신하로서 충성을 다하라는 의미가 있는 것이다.

이것이 나라가 힘이 없으면 나타나는 결과이다. 고려의 왕이 자유의지를 가지고 나라를 다스리는 것이 아니라 몽고의 눈치를 보면서 정치를 할 수밖에 없는 상황이었다. 이것이 대한민국에 창조적 인재가 많아져야 하는 이유다. 나라에 힘이 없으면 강대국의 지배를 피할 수가 없다. 그러나 대한민국에 남다른 생각을 하는 창조적 인재가 많아지면 우리의 국력은 약해지지 않을 것이다.

국토가 좁고 인구가 적고 자원이 부족한 대한민국에는 창조적 인재가 절대적으로 필요하다. 남다른 생각을 하는 창조적 인재가 절대적으로 많아져야 한다. 대한민국에 창조적 인재가 많아지면 현재의 부강함이 영원히 지속되는 강하고 아름다운 나라가 될 것이다.

PART
2

위대한 꿈으로
위대하라

01
꿈은 길을 안내해 주는 것이다

세상에서 가장 중요한 것 중의 하나는 이유를 찾는 것이다. 이유를 찾은 사람이 결국 최고의 삶을 살아낼 수 있기 때문이다. 공부하는 이유를 찾은 학생이 최고의 학생이 되고, 일하는 이유를 찾은 사람이 최고의 직장인이 되고, 돈을 버는 이유를 찾은 사람이 최고의 장사꾼이 되는 것이다.

　나의 고향은 호남평야로 유명한 김제에 있는 전형적인 농촌마을이다. 나는 유년 시절에 친구들과 함께 산으로 들

위대하라

로 뛰어다니면서 자랐다. 친구들과 하루도 빠짐없이 신나게 뛰어놀면서 유년 시절을 보냈다.

중학교 2학년 겨울방학이 되자 한 친구가 동네에 나오지 않았다. 친구가 동네에 나오지 않는 이유를 알아보니 공부를 하기 위해서였다. 그 친구네는 1년 후에 전주로 이사를 가기로 예정되어 있었다. 친구는 전주로 진학하지 못하면 혼자 김제에 남아서 고등학교를 다녀야 하기 때문에 공부를 해야 한다고 했다. 전주는 학군이 상당히 좋은 편이라서 실력이 없으면 진학할 수 없는 지역이었다.

친구는 그해 겨울방학을 공부만 하면서 보냈다. 친구가 공부할 때 나와 다른 친구들은 계속 신나게 뛰어놀면서 겨울방학을 보냈다. 중학교 3학년이 되어서 첫 모의고사를 보았는데 놀랍게도 친구는 반에서 2등을 했다. 공부하는 이유를 찾은 친구의 실력이 엄청나게 향상된 것이다.

중학교 2학년까지 친구의 공부 실력은 나와 다른 친구들의 실력에 비해 그리 뛰어나지 않았다. 그러나 공부의 이유를 찾은 친구는 엄청나게 변했다. 겨울방학 내내 공부한 친구의 실력이 일취월장한 것이다. 친구는 그 뒤로도 꾸준히 상위권의 성적을 유지했고 결국 전주로 진학할 수 있었다. 전주로 진학한 친구는 고등학교에서도 꾸준히 상위권의 성적을 유지했고 전북대 의대에 진학하여 의사가 되었다. 친구는 현재 개인병원 원장으로 상당한 부와 명예를 유지하며 살아가고 있다.

그때 나와 함께 계속해서 산으로 들로 뛰어다니던 친구들은 평범한 삶을 살고 있다. 같이 놀던 친구는 모두 4명인데 한 친구는 택시운전을 하고 있고 또 한 친구는 트럭운전을 하면서 살고 있다. 공부의 이유 하나가 인생을 완전히 갈라놓은 것이다. 중학교 2학년 겨울방학 이후로 그 친구의 삶과 우리들의 삶이 완전히 달라졌다.

우리가 꿈을 꾸는 이유도 마찬가지이다. 꿈의 이유를 찾은 사람과 찾지 못한 사람은 완전히 다른 삶을 살게 되기 때문이다. 꿈의 이유를 찾은 사람은 매일 매일의 삶이 열정으로 가득한 가슴 뛰는 삶을 산다. 꿈으로 인해서 가슴이 뛰는 뜨거운 삶을 살게 된다. 그러나 꿈이 없는 사람은 매일 매일의 삶이 아무런 의욕이 없는 무기력한 삶을 살게 된다.

꿈은 네비게이션이다

꿈은 무엇일까? 우리에게 꿈이 필요한 이유는 무엇일까? 우리가 꿈을 갖는 이유는 꿈이 인생의 목적지를 안내해 주는 네비게이션의 역할을 하기 때문이다. 네비게이션에 목적지를 설정하면 목적지까지 정확하게 안내해 준다. 네비게이션에 목적지를 설정하면 절대로 길을 잃어버리지 않는다. 꿈도 마찬가지다. 우리가 꿈이라는 목적지를 설정하면 꿈이 길을 안내하여 반드시 꿈을 이루게 된다.

물론 네비게이션에 목적지를 설정해도 가끔은 길을 잃어버리거나 길을 찾지 못하고 헤매기도 한다. 네비게이션이 길을 안내해 주지만 우리가 가끔은 정확하게 인지하지 못하기 때문이다. 그래서 가끔은 다른 길로 가기도 하고 전혀 다른 방향으로 가기도 한다. 그러나 걱정할 필요가 전혀 없다. 네비게이션이 목적지를 재설정해서 경로를 다시 안내해 주기 때문이다.

우리의 삶도 마찬가지이다. 우리는 꿈을 꾸면서 열심히 달려가다가 때로는 넘어지기도 하고 쓰러지기도 한다. 그러나 걱정할 필요가 전혀 없다. 우리가 넘어지고 쓰러져도 꿈이 다시 일으켜 세워 주기 때문이다. 꿈이 목표를 재설정해 다시 달릴 수 있게 해 주기 때문이다.

꿈이 있는 사람은 아무리 힘들고 어려운 상황에서도 절대로 흔들리지 않는다. 꿈이라는 목표가 있기 때문이다.

꿈은 등대이다

배로 항해를 하다 보면 폭풍우도 만나고 비바람이 몰아치는 상황도 만나게 된다. 아무것도 보이지 않는 칠흑 같은 어둠 속에서 항해를 해야 하는 경우도 있다. 배는 아무리 상황이 안 좋아도 등대를 발견하면 괜찮다. 등대를 향해서 항해하면 되기 때문이다.

위대하라

꿈은 등대와 같은 역할을 하는 것이다. 꿈이 있는 사람에게도 힘들고 어려운 일이 있을 수 있다. 그러나 꿈이라는 목표가 있기 때문에 흔들리지 않고 꿈을 이루어 갈 수 있는 것이다.

인생길을 걷다 보면 때로는 비바람이 몰아치기도 하고 폭풍우를 만나기도 한다. 인생이 평탄한 길만 있으면 좋겠지만 우리의 인생길은 결코 쉽지 않다. 그러나 인생길이 아무리 힘들고 어려워도 꿈이라는 등대와 네비게이션이 있다면 모든 것을 극복할 수 있다.

앤서니 라빈스 이야기

앤서니 라빈스(Anthony Robbins)는 『네 안에 잠든 거인을 깨워라』는 책을 써서 세계적인 베스트셀러 작가가 되었다. 이 책은 전 세계적으로 1,500만 부 이상이 팔렸고 작가의 인세 수입은 약 300억 정도가 될 것으로 추산된다. 앤서니 라빈스는 책 한 권을 써서 300억 정도의 수익을 올린 것이다.

앤서니 라빈스는 동기부여 강사로도 유명한데 강사료를 가장 많이 받은 것으로 기네스북에 기록되었다. 기네스북에 기록된 앤서니 라빈스의 강사료는 1회에 15억이고, 평균 강사료는 7억 정도라고 한다.

앤서니 라빈스는 책 한 권으로 300억의 인세 수입을 올렸고 1회 강사료가 15억으로 기네스북에 기록되는 엄청난 일을 해냈다. 말로는 표현할 수 없을 만큼 엄청난 사람이 되었다.

앤서니 라빈스가 최고의 삶을 살았기 때문에 처음부터 위대한 삶을 살았을 것이라는 생각이 들 것이다. 그러나 앤서니 라빈스는 현재와는 정반대의 삶을 살았다. 앤서니 라빈스는 20대 중반까지는 평범하다 못해 바닥의 삶의 살았다.

20대 중반까지는 고졸이었고 몸무게가 100kg이 넘는 뚱뚱보였으며, 빌딩 청소부였고 제대로 된 데이트를 한 번도 못해봤다. 또 1960년에 출생한 앤서니 라빈스는 1960년에 생산된 중고차를 타고 다녔다고 한다. 그는 20대 중반까지는 아무 희망이 없는 삶을 살고 있었다.

　어느 날 자신을 돌아보다 전혀 희망이 없는 자신의 모습을 보게 되었다. 여자 친구는커녕 변변한 데이트조차도 못해 본 자신의 모습을 보았다. 그리고 자신에게 질문을 던지기 시작한다.

　'나는 이 세상에 왜 태어났을까?'
　'나는 겨우 이렇게 살라고 태어났을까?'
　'지금보다 더 나은 삶을 살 수는 없을까?'
　'어떻게 하면 더 나은 삶을 살 수 있을까?'
　'어떻게 하면 달라질 수 있을까?'
　'지금부터 무엇을 해야 할까?'

　앤서니 라빈스는 20대 어느 날 위대한 질문을 던지기 시작했다. 그리고 변화를 위한 노력을 시작했다. 그리고 서서히 변화되어 가기 시작했다. 현실의 자신을 모습을 인식하고 작은 꿈을 갖게 된 그는 예쁜 여자를 만나서 연애도 하고 결혼도 해야겠다는 소박한 꿈을 갖게 된다.

앤서니 라빈스는 자신의 신세를 한탄하기보다는 자신의 한계를 넘어보고 싶었다. 예쁜 여자를 만나서 연애도 하고 결혼도 하려면 무엇을 해야 할까를 생각하고 실행에 옮겼다. 가장 먼저 체중감량에 도전했다. 헬스클럽에 등록하여 3개월 동안 열심히 운동하면서 15kg 정도를 감량했다.

체중 감량에 성공한 자신이 정말 대견했고 자신감을 갖는 계기가 되었다. 앤서니 라빈스는 그동안 자신의 운명에 순응하면서 제대로 된 노력을 한 번도 한 적이 없었지만 15kg을 감량하고는 자신도 할 수 있다는 자신감을 갖게 되었다.

자신감을 갖게 된 앤서니 라빈스는 자신의 운명을 바꾸기 위해서 최고의 노력을 다하였다. 그는 운명을 바꾸기 위해서 공부를 하기로 결심하고는 대학에 진학하고 대학원에도 진학하여 결국 세계적인 사람이 되었다.

앤서니 라빈스는 20대 중반까지는 아무런 희망이 없는 삶을 살았다. 그러다 예쁜 여자와 연애도 하고 결혼도 해

위대하라

서 행복한 가정을 이루겠다는 소박한 꿈으로 출발했지만 그는 결국 세계적인 사람이 되었다. 처음에는 비록 소박한 꿈이었지만 꿈의 이유를 찾은 것이 결국 최고의 삶을 살게 만든 원동력이 되었다.

앤서니 라빈스는 꿈은 크든지 작든지 상관없이 우리의 삶을 이끌어주는 네비게이션이자 등대 역할을 한다는 것을 확실하게 증명해 주었다.

꿈의 이유를 찾아야 한다. 현재 어떤 삶을 살고 있는가는 중요하지 않다. 어떤 꿈을 꾸고 어떤 노력을 하느냐가 더 중요한 것이다.

지금부터는 그대도 꿈의 이유를 간절하게 찾기 바란다. 그리고 간절하게 꿈을 꾸고 꿈을 이루기 위한 최고의 노력을 하기 바란다. 그러면 그대도 운명을 바꾸는 위대한 삶을 살게 될 것이다. 그러면 꿈이 그대의 인생을 별처럼 빛나게 해 줄 것이다.

02
꿈꾸는 능력이 가장 위대한 능력이다

인생에서 가장 중요한 것 중의 하나가 이유를 찾는 것이라고 말했다. 우리는 자신이 하는 모든 것에서 이유를 찾아야 한다. 이유를 찾을 때 우리의 인생이 완전히 달라지기 때문이다. 이유를 찾을 때 최대의 능력을 발휘할 수 있는 인생을 살 수 있기 때문이다. 꿈은 삶의 이유, 내가 살아가는 이유이다. 꿈은 내가 하는 모든 것의 이유가 된다.

"그냥 미치면 바보가 되지만 꿈에 미치면 신화가 된다"는 말이 있다. 꿈에 미치면 신화가 된다는 것은 꿈이 인간

위대하라

의 한계를 뛰어넘게 만드는 역할을 해 주기 때문이다. 그래서 꿈에 미치면 누구나 자신의 한계를 뛰어 넘어 자신의 분야에서 최고의 삶을 살 수 있게 되는 것이다.

세상에는 많은 능력이 있다. 공부하는 능력, 연구하는 능력, 일하는 능력, 운동하는 능력, 악기를 다루는 능력 등이 있다. 그 가운데 꿈꾸는 능력이 가장 위대한 능력이다.

꿈꾸는 능력이 모든 능력보다 위대한 것은 꿈이 모든 능력에 날개를 달아주어 모든 능력을 더 화려하게 만들어 주기 때문이다. 꿈은 평범한 사람도 위대한 사람으로 만들어 주는 원동력이기 때문이다.

축구 선수 가린샤 이야기

브라질에 가린샤(Garrincha)라는 축구 선수가 있었다. 가린샤는 축구 황제 펠레와 함께 브라질을 세계 최강의 축구팀으로 이끈 선수다. 1962년 월드컵 결승전에서 연속으로 두 골을 성공시켜 브라질을 우승으로 이끌었다.

월드컵은 세계적인 축구 선수들이 참가하는 경연장이다. 모든 축구 선수들은 월드컵에 참가하는 것만으로도 대단한 영광이라고 생각한다. 월드컵에 참가하는 것만으로도 대단한 것인데 결승전에서 골을 넣는다는 것은 축구 선수로서의 최고의 로망이다. 가린샤는 결승전에서 두 골이나 성공시키면서 조국 브라질을 월드컵 우승으로 이끌었다.

그런 가린샤는 놀랍게도 소아마비 환자였다. 가린샤는 소아마비에 걸려서 보호 장비 없이는 걸을 수도 없다는 판정을 받았다. 그러나 그는 현실과는 상관없이 축구 선수가 되겠다는 열망에 빠졌다. 많은 사람들이 축구 선수는 도저히 안 되는 것이라고 말렸지만 그는 포기하지 않았다. 오히려 반대에 부딪칠 때마다 더 열심히 연습하였다. 결국 가린샤는 17살에 꿈의 팀인 브라질의 국가대표 축구 선수가 되었다.

가린샤는 1962년 월드컵에서 축구 황제 펠레가 부상으로 빠진 브라질 대표팀을 우승으로 이끌게 되었다. 가린샤가 자신의 신체적인 약점을 극복하고 위대한 축구 선수

위대하라

가 될 수 있었던 것은 꿈이 있었기 때문이다. 브라질의 국가대표 선수가 되겠다는 꿈이 걷는 것도 힘든 그를 이끌어 준 것이다. 꿈이 소아마비라는 신체적인 약점을 극복하고 위대한 축구 선수가 되게 만든 것이다.

가린샤가 소아마비라는 약점을 극복하기는 결코 쉽지 않았을 것이다. 그를 수없이 좌절하게 했을 것이다. 수도 없이 넘어지고 쓰러지기를 반복하고 반복했을 것이다. 그러나 가린샤의 불타는 꿈은 모든 약점을 극복하고 세계 최고의 축구기술을 자신의 것으로 만들게 한 것이다.

가린샤에게 꿈이 없었다면 걷는 것조차도 포기하고 보조기구에 의지한 삶을 살았을지도 모른다. 죽을 만큼 힘든 연습 과정을 극복하지 못하고 포기했을지도 모른다. 역시 자신은 안 된다고 생각하면서 절망에 빠져 한평생을 원망과 좌절 속에서 살았을지도 모른다.

가린샤는 꿈꾸는 능력이 가장 위대한 능력이라는 것을 증명해 주었다. 그는 축구 선수로서는 도저히 성공할 수 없는 신체조건을 갖고 있었다. 축구는 스피드가 생명인 스포츠이다. 소아마비인 그는 빨리 달릴 수 없기 때문에 축구 선수로는 성공할 수 없었다. 그러나 그는 소아마비를 극복하고 최고의 축구 선수가 되었다. 꿈이 그의 모든 약점을 뛰어넘게 해 준 것이다. 이것이 꿈꾸는 능력이 모든 능력보다 더 위대한 능력인 이유이다.

리챠드프로헤어 이야기

천안에 리챠드프로헤어라는 유명한 미장원이 있는데 충청권에서 가장 유명한 미장원이다. 리챠드프로헤어는 5년 전에 본점을 건축했는데 건축비가 놀랍게도 200억이다. 미장원의 건축비가 200억이라니 정말 입이 떡 벌어지는 금액이다.

더 놀라운 것은 리챠드프로헤어 이기원 대표의 한 달 수입이다. 2016년 12월 현재 전국에 43호점까지 있고 지점 한 곳에는 30명 정도의 미용사가 있는 것으로 알려져 있다.

리챠드프로헤어의 한 미용사의 한 달 수입이 천오백만

원이라는 신문기사를 본 적이 있다. 우수한 미용사의 한 달 수입이 천오백만 원이라면 좀 부족한 미용사의 한 달 수입은 오백만 원정도일 것 같다. 따라서 리챠드프로헤어 미용사의 평균 수입은 천만 원이라고 가정할 수 있다.

전국에 지점이 43호점까지 있고 한 지점에 미용사가 30명씩 있기 때문에 리챠드프로헤어에는 약 1,300명의 미용사가 있을 것이다. 미용사들의 수익이 비율제로 5대 5라고 가정할 때 천 명의 미용사가 한 달에 천만 원씩 번다면 이기원 대표의 한 달 수입은 100억 이상이다. 이기원 대표가 200억의 건축비를 들여 지은 미장원을 보유하고 있고 한 달에 100억 이상을 버는 사람으로 성장한 배경에는 그의 꿈이 있었다.

이기원 대표는 고등학교를 졸업하고 미용 학원에 들어갔다. 미용 학원에 들어가면서 그는 '나는 서울에서 천안으로 머리 깎으러 오는 시대를 만들겠다'는 꿈을 꾸었다.

이기원 대표의 꿈은 대한민국 최고의 미용실을 만들겠다는 것이었다. 고졸이었고 30년 전에는 남자미용사에게는 아무도 주목하지 않던 시절에 그는 대한민국 최고의 미용사가 되겠다는 꿈을 꾼 것이다. 그 꿈이 오늘의 이기원 대표를 만들었다고 나는 확신한다.

이기원 대표는 미용실을 운영하여 엄청난 성장을 이루었다. 물론 그의 엄청난 성장 뒤에는 뛰어난 재능이 있었을 것이다. 그러나 아무리 뛰어난 재능이 있어도 꿈이 없었다면 지금의 성장은 불가능했을 것이다. 이기원 대표가 꿈이 없었다면 아마도 평범한 동네 미용실의 원장이 되었을 것이다. 자신의 재능으로 어느 정도 축적한 재산을 적당히 누리면서 살고 있었을 것이다.

사람들은 대부분 어느 정도 성장을 경험하고 10년 이상을 한 직종에서 일하다 보면 매너리즘에 빠지게 된다. 이기원 대표도 꿈이 없었다면 매너리즘에 빠져서 자신의 성취의 대가를 누리면서 동네 미용실 원장으로 만족하는 삶을 살고 있었을 것이다. 그러나 그에게는 대한민국 최고의 미용실을 만들겠다는 꿈이 있었다. 그 꿈이 대한민국을 대표하는 미용실을 만든 것이다.

우리는 미용이 미치도록 좋다!

리챠드프로헤어에 걸려 있는 현수막 문구이다. 나는 이 문구가 정말 마음에 든다. 볼 때마다 저절로 미소가 지어진다. 우리가 하는 모든 일을 미치도록 좋아한다면 얼마나 좋겠는가!

이기원 대표의 꿈과 열정이 한마디로 요약된 문구이다. 리챠드프로헤어의 모든 직원이 이기원 대표의 꿈과 열정에 전염되어 오늘날의 리챠드프로헤어가 된 것이다.

리챠드프로헤어의 이상

리챠드의 비전은
세계 최고의 샵 건설을 목표로 한다.
그러므로 당신은
세계 최고의 미용인을 목표로 해야 한다.

그러기에 미용에 대한 사랑과 열정이

어쩌면 용광로보다 더 뜨거워야 하고,

활화산과 같이 힘차게 타오르는

불타는 집단이어야 한다.

비로소 세계 최고가 될 수 있다.

　이기원 대표의 꿈은 대한민국의 최고 미용실에서 세계 최고의 미용실로 진화한 것 같다. 이기원 대표는 세계 최고의 샵 건설을 목표로 하고 있다. 그래서 리챠드프로헤어의 모든 직원은 세계 최고의 미용인을 목표로 해야 한다고 말하고 있다. 얼마나 위대한 꿈이고 위대한 열정인가!

　세계 최고의 미용실과 미용인의 꿈을 이루기 위해서는 미용에 대한 열정이 용광로보다 더 뜨겁고 화산처럼 뜨겁게 불타오르는 집단이 되어야 한다고 말하고 있다. 그래야 세계 최고가 될 수 있다는 것이다.

　세상에는 '대가 지불의 법칙'이 있다. 모든 것은 대가를 지불해야 얻을 수 있다는 것이다. 위대한 성취를 이룬 사람 뒤에는 반드시 위대한 대가를 지불한 흔적이 있다.

이기원 대표가 우연히 최고의 미용실을 만든 것이 아니다. 그의 위대한 꿈과 위대한 대가 지불이 낳은 위대한 결실인 것이다. 이기원 대표는 꿈꾸는 능력이 가장 위대한 능력이라는 것을 확실하게 증명해 주었다. 그의 꿈꾸는 능력이 아무도 주목하지 않는 미용 연습생에서 대한민국 최고를 넘어 세계 최고를 꿈꾸는 사람으로 만든 것이다.

자신의 환경과 상황을 탓하면서 패배감과 좌절감에 빠져 있는 사람이 있다면 지금부터 위대한 꿈을 꾸기 바란다. 그대의 위대한 꿈이 그대를 위대한 사람으로 만들어 줄 것이다.

꿈꾸는 능력이 가장 위대한 능력이기에…

03
꿈을 이루는 3요소: 결핍, 실천, 실력

많은 사람이 꿈을 꾸지만 꿈을 이루기는 쉽지 않다. 꿈을 이루려면 대가를 지불해야 하기 때문이다. 모든 것을 얻으려면 정당한 대가를 지불해야 한다. 귀하고 가치가 있는 것일수록 많은 대가를 지불해야 한다. 이것을 우리는 '대가 지불의 법칙'이라고 한다.

사람들은 간혹 '대가 지불의 법칙'을 잊어버리기도 한다. 그래서 대가를 지불하지 않고 얻으려고 한다. 그러나 대가를 지불하지 않고 얻을 수 있는 것은 아무것도 없다.

위대하라

간혹 대가를 지불하지 않고 무엇인가를 얻기도 하지만 오래가지 못하고 쉽게 잃게 된다. 쉽게 얻은 것은 쉽게 잃고 정당한 대가를 지불하고 힘들게 얻은 것이라야 오래가기 때문이다. 많은 사람들이 꿈을 꾸지만 꿈을 이룬 사람은 매우 적다. 꿈을 꾸기는 쉽지만 꿈을 이루는 것은 쉽지 않기 때문이다.

꿈은 이루기가 힘들기 때문에 꿈을 이룰 수 있는 동력이 필요하다. 꿈을 이루어갈 수 있는 에너지가 필요하다는 것이다. 꿈을 이루어 가는 동력은 결핍과 실천과 실력이다.

결핍은 꿈의 이유다

꿈을 이루어 가는데 결핍은 필수적인 요소이다. 결핍은 꿈을 가져야 할 이유를 갖게 해 준다. 꿈의 이유를 찾으면 꿈을 갖게 되고, 꿈을 갖게 되면 삶의 태도가 달라지게 되어 있다. 그러나 꿈을 갖는 것은 쉽지 않다.

꿈을 갖는 것이 쉽지 않은 것은 결핍을 느끼지 못하기

때문이다. 꿈이 없는 사람은 대부분 결핍을 느끼지 못하는 사람이다. 결핍을 느끼지 못하기 때문에 꿈이 없는 것이고 변화에 대한 열망이 부족한 것이다.

학생들에게 꿈을 물어보면 대부분은 없다고 말한다. 학생들이 꿈이 없는 것은 결핍을 모르고 자랐기 때문이다. 대한민국의 경제력이 그만큼 좋아졌다는 의미이기도 하다. 학생들이 부족한 것 없이 풍요로운 생활을 하고 있기 때문에 꿈이 없는 것이고 꿈을 가져야 하는 이유를 찾지 못하는 것이다.

스마트폰을 사용하는 사람은 세계에서 상위 10% 안에 드는 부자라는 말이 있다. 대한민국에서는 스마트폰을 거의 모든 사람이 사용하고 있지만 전 세계적으로는 10% 안에 드는 부자들만 스마트폰을 사용한다는 것이다.

대한민국의 학생들이 꿈이 없는 이유는 결핍을 느끼지 못할 만큼 많은 것을 누리면서 살고 있다는 것이다. 부족한 것이 없기 때문에 꿈의 필요성을 느끼지 못하는 것이다. 대한민국의 국민은 부자다. 대부분의 국민은 풍요로운

위대하라

삶을 살고 있다. 나보다 더 많이 가진 사람들에게 상대적 박탈감을 느끼기 때문에 가난하다고 생각하는 것이지 실제로는 부유한 삶을 살고 있다.

나의 유년 시절을 되돌아보더라도 지금은 정말 부자로 살고 있다. 나의 유년 시절에는 '보릿고개'라는 말이 있었다. 가을에 수확한 양식을 겨울에 먹고 나면 봄에는 먹을 것이 없어 어려워지는 춘궁기(春窮期)를 가리키는 말이다. 춘궁기에는 마을의 부유한 가정에서나 쌀밥을 먹을 수 있었고 대부분의 가정은 보리밥이나 밀가루 음식으로 연명해야 했다.

대한민국이 부자이고 결핍을 느끼지 못하기 때문에 꿈을 꿀 필요도 없는 것일까? 대한민국이 아무리 부유한 시대를 살고 있어도 꿈이 있어야 한다. 꿈이 없는 국민은 방탕하게 생활하기 때문이다. 대한민국의 모든 국민이 꿈을 갖지 않으면 방탕하게 생활하고 결국 쇠락하게 되어 있다. 개인이 꿈이 없으면 개인이 약해지고, 가정이 꿈이 없으면 가정이 약해진다. 기업이 꿈이 없으면 기업이 약해지고,

국가가 꿈이 없으면 국가가 약해진다.

꿈을 갖기 위해서는 반드시 결핍이 있어야 한다. 결핍은 내적인 결핍과 외적인 결핍이 있다. 외적인 결핍은 피부로 느껴지는 결핍으로 우리가 겪는 고난이라고도 말할 수 있다. 외적인 결핍은 사업에 어려움을 겪거나 실직을 당하거나 큰 병에 걸리는 것을 말한다. 쉽게 말해서 인생의 바닥을 경험하는 것을 말한다.

고난 앞에서 인생을 돌아보는 것은 당연한 일이다. 고난 앞에서는 자연스럽게 인생을 돌아보고 변화를 추구하게 되어 있다. 변화를 추구하는 것은 원하는 것이 있다는 것이고 원하는 것을 이룰 수 있는 꿈을 갖는 것이다.

외적인 결핍이 고난이라면 내적인 결핍은 무엇일까? 내적인 결핍은 자기 동기화이다. 자기 스스로 결핍을 만들어내는 것이다. 외적으로는 아무 문제가 없지만 내적으로 부족하다고 느끼는 것이다. 스스로 결핍을 느끼게 되면 고난이 없어도 꿈을 갖게 된다.

내적인 동기화를 이루지 못하면 고난이 오기 전에는 꿈

　　　　　　　　　　　　　위대하라

을 가질 수가 없다. 고난이 없어도 스스로 내적인 동기화를 이루어 꿈을 갖는 것은 지혜로운 선택이다. 고난이 오기 전에 미리 대비하고 준비하게 되는 것이 내적인 동기화에서 나오는 꿈이다.

내적인 동기화를 이루기 위해서는 무엇을 해야 할까? 더 나은 삶을 추구해야 한다. 어제보다 나은 오늘과 오늘보다 나은 내일을 꿈꾸는 것이다. 꿈을 꾸는 것도 내적인 동기화를 이루는 것이다. 꿈을 꾸는 것은 더 나은 삶을 추구하는 것이기 때문이다. 내적인 동기화를 이루기 위해서는 꿈을 크게 꾸어야 한다. 큰 꿈이 더 큰 내적인 동기화를 가져오기 때문이다.

꿈이 작은 사람은 적은 노력을 하고 꿈이 큰 사람은 위대한 노력을 하게 되어 있다. 그래서 꿈을 꾸려면 큰 꿈을 꾸어야 한다. 큰 꿈을 꾸어야 위대한 노력을 하게 되고 위대한 노력을 하는 사람이 결국 위대한 사람이 될 수 있기 때문이다.

내적인 동기화가 강하게 일어나게 하려면 가능한 큰 꿈

을 가져야 한다. 결국 큰 꿈이 큰 결핍을 가져오고 큰 결핍
이 큰 사람을 만들게 되는 것이다.

실천은 꿈의 에너지이다

실천은 꿈을 이루기 위한 에너지이다. 꿈이 자동차라면 실
천은 바퀴이다. 바퀴가 굴러가야 자동차가 달릴 수 있듯이
꿈을 이루려면 실천을 해야 한다. 바퀴가 굴러가지 않으
면 자동차는 아무 곳에도 갈 수가 없다. 실천을 하지 않으
면 아무리 멋진 꿈이라도 아무 소용이 없다. 꿈을 이루기
위해서는 반드시 실천을 해야 한다. 누구나 간절하게 꿈을
꾸고 그 꿈을 이루기 위해서 노력하면 꿈은 반드시 이루어
진다.

　인생을 살다 보면 아주 좋은 생각들이 떠오를 때가 있
다. 그러나 아무리 좋은 생각이라도 대부분은 생각으로 끝
나는 경우가 많다. 생각이 생각으로 끝나는 이유는 실천하
지 않기 때문이다. 그래서 생각이 생각으로 끝나지 않게

위대하라

하려면 실천을 해야 한다. 아무리 좋은 생각이라도 실천으로 연결되지 않으면 한낱 공상일 뿐이다.

생각하는 것도 중요하지만 생각을 실천으로 옮기는 것은 더 중요하다. 모든 위대한 업적과 성취는 실천력에서 나온 것이다. 생각이 생각으로 끝나게 하지 않으려면 반드시 실천해야 한다. 꿈을 이루기 위해서는 반드시 실천을 해야 한다. 실천하지 않는 꿈은 더 이상 꿈이 아니다. 실천하지 않는 꿈은 꿈이 아니라 망상일 뿐인 것이다.

불굴의 실천가 자넷 리 이야기

자넷 리(Jeanette Lee)라는 재미교포 당구 선수가 있다. 그녀는 선천적으로 척추가 옆으로 휘는 '선천성 척추장애'라는 장애를 갖고 있었다. 그녀는 12살 때 휘어진 척추를 바로잡기 위하여 대수술을 받았는데 척추에 금속막대를 이식해서 휘어지지 않게 하는 수술이었다. 척추에 금속막대를 이식했기 때문에 몸을 굽히거나 움직일 때마다 엄청난 고통이 찾아왔다. 수술 후에는 고통을 없애기 위한 수술을 8번이나 더 받았다.

고등학교를 졸업하고 직장 생활을 하던 어느 날 직장 동료들과 우연히 당구장에 가게 되었다. 그녀는 당구장에서 운명적인 만남을 가졌다. 그녀는 포켓볼을 보고 온몸에 전율이 느껴지는 강렬한 느낌을 받았다. 새로운 세상에 온 것 같은 강렬한 느낌을 받은 것이다. 그날부터 그녀는 당구 선수가 되기로 결심하였다.

그녀는 당구 선수가 되는 꿈을 이루기 위해서 새벽 2~3시까지 하루에 10시간 이상 연습하였다. 그러나 당구 연습을 하기가 쉽지 않았다. 허리를 구부릴 때마다 극심한 고통을 느껴야 했기 때문이다. 그래서 당구 연습을 하다가 쓰러지기도 하고 심할 때는 기절하기도 했다.

그녀는 고등학교를 졸업한 뒤에 당구에 입문했기 때문에 프로 당구 선수가 되기에는 너무 늦은 나이였다. 그리고 허리를 구부릴 때마다 극심한 고통이 찾아오는 신체적인 약점이 있었기 때문에 프로 당구 선수가 되는 것은 불

위대하라

가능해 보였다. 그러나 위대한 당구 선수가 되겠다는 그녀의 꿈이 모든 약점을 극복하게 만들었고 연습에 연습을 거듭하게 하였다. 결국 그녀는 '검은 독거미'라고 불리는 당구계의 신화가 되었다.

자넷 리는 1993년 프로에 데뷔하자마자 세계 8위가 되었다. 1994년에는 세계 1위가 되었고, 1995년에는 12번의 세계대회에서 5번이나 우승하였다. 2004년에는 애틀랜타 여자 챔피언십 경기에서 우승을 거머쥐었다.

그녀는 늦은 나이에 시작하였고 신체적인 약점이 있음에도 불구하고 최고의 당구 선수가 된 것이다. 그녀가 최고의 당구 선수가 될 수 있었던 것은 불굴의 의지였다. 불굴의 의지로 모든 약점을 극복하고 연습에 연습을 거듭하여 마침내 위대한 당구 선수가 될 수 있었다.

자넷 리가 위대한 당구 선수가 될 수 있었던 것은 실천을 했기 때문이다. 실천했기 때문에 꿈꾸는 것에 그치지 않고 위대한 당구 선수가 된 것이다. 자넷 리는 당구를 칠 때마다 극심한 고통이 따랐지만 포기하지 않고 연습했다. 그 실천력이 그녀를 위대한 당구 선수로 만들어 준 것이다.

자넷 리가 당구 선수의 꿈을 꾸었지만 극심한 통증을 핑계로 실천하지 않았다면 절대로 꿈을 이루지 못했을 것이고, 현재까지 아주 평범한 삶을 살고 있었을 것이다.

꿈을 이루기 위해서는 반드시 실천을 해야 한다. 꿈은 포기하지 않고 실천하는 사람에게 반드시 이루어지는 것이기 때문이다.

실력은 달인의 경지까지

꿈의 길에서 실력은 최고의 성공 요소이다. 결핍과 실천은 결국 실력을 쌓기 위한 도구이다. 꿈을 갖기 위해서는 결핍이 필요하고, 결핍을 극복하고 꿈을 이루기 위해서는 실천을 해야 하는 것이다.

결핍을 느끼게 되면 꿈을 갖게 되고 꿈을 이루기 위해서는 꾸준히 실천해야 한다. 꾸준히 실천하면 실력이 쌓이게

위대하라

되고 결국 실력이 쌓이면 꿈을 이룰 수 있다. 결핍과 실천이라는 꿈의 요소는 실력을 쌓기 위한 과정이다. 결핍으로 꿈을 심고 실천으로 꿈을 가꾸면 실력이라는 꿈의 열매를 맺는다. 실력이라는 열매가 풍성할수록 많은 꿈의 대가들을 얻게 된다.

실력이 없는 사람이 위대한 삶을 살 수는 없다. 그러므로 꿈을 이루기 위해서는 반드시 실력을 길러야 한다. 그러나 실력을 쌓는 것은 결코 쉽지 않다. 실력을 쌓는 것이 쉽다면 어느 누가 꿈을 이루지 못하겠는가! 다른 사람이 인정하고 스스로도 인정할 수 있을 만큼의 실력을 쌓으려면 피눈물 나는 노력과 연습이 뒤따라야 한다. "인내는 쓰고 열매는 달다"는 말처럼 실력을 쌓는 과정에는 많은 인내와 고통이 따른다.

많은 사람들이 인정하고 스스로도 인정하는 경지를 '달인의 경지'라고 한다. 꿈을 이루기 위한 실력은 '달인의 경지'까지이다. '달인의 경지'에 오르려면 어떻게 해야 할까? '달인의 경지'에 오르기 위해서는 단순하게 반복하는 노력과 연습으로는 안 된다. 사색의 힘이 필요하다.

사색은 생각을 하는 것이다. 새로운 정보를 받아들이고 그 정보를 생각하고 분석해서 나의 것으로 내재화시키는 과정이다. 위대한 실력을 쌓으려면 사색하는 과정이 반드시 필요하다. '달인의 경지'까지 실력을 쌓으려면 먼저 새로운 정보를 받아들여야 한다. 그리고 새로운 정보들을 생각하고 정리하여 내재화시킨 다음 반복을 통해서 나의 실력으로 만들어 가는 것이다. 결국 '달인의 경지'에 오르려면 '주경야독(晝耕夜讀)'의 정신으로 이론과 실천을 병행해 나가야 한다.

인천에 있는 여자중학교에 강연을 간 적이 있다. 그 학교에는 테니스부가 있었는데 테니스부 학생들은 강렬한 태양 아래에서 열심히 연습하고 있었다. 구슬땀을 흘리면서 연습하는 학생들의 모습을 보면서 기특하다는 생각이 들었다. 요즘 중학생들이 대부분 수동적인 것에 비해서 그 학생들은 정말 열심히 연습하고 있었기 때문이었다. 그때

위대하라

문득 '저 학생들은 어떤 마음으로 연습하고 있을까?' 하는 생각이 스치고 지나갔다. 학생들이 별다른 생각 없이 기계적으로만 반복한다면 효율이 많이 떨어질 것이다. 그러나 학생들이 '주경야독' 정신으로 실천한다면 달라질 것이다.

더 나은 테니스 기술을 습득하기 위해서 테니스에 대한 새로운 정보를 받아들이고 그 정보들을 생각하고 분석하여 내재화시킨 다음 연습에 연습을 한다면 효율은 극대화될 것이다. 기계적인 단순한 연습에 그치는 것이 아니라 지난밤에 생각하고 분석하여 내재화시킨 정보들을 연습에 반영한다면 '달인의 경지'에 오를 만큼의 실력이 쌓이게 될 것이다.

'달인의 경지'까지 실력을 쌓는 것은 쉽지 않다. 대부분 한 분야에서 10년 이상의 시간을 투자해야 얻을 수 있다. 『아웃라이어(outliers)』에서 말콤 글래드웰(Malcolm Gladwell)은 '1만 시간의 법칙'을 주장하였다. 한 분야에서 달인이 되기 위해서는 1만 시간 이상을 투자해야 한다는 것이다.

한 분야에서 1만 시간 이상의 시간을 투자해서 연습을 하려면 많은 인내심이 필요하다. 사람이 가장 싫어하는 것은 암기와 반복이다. 대부분의 사람들이 암기와 반복 하는 것을 어려워 하지만 1만 시간 동안 반복하면 최고의 경지에 오를 수 있다.

세계적인 발레리나인 강수진은 하루에 19시간 이상 발레 연습을 했다고 한다. 하루에 19시간 이상을 30년 동안 연습하여 20만 시간을 실천했다고 한다. 그녀는 1만 시간의 법칙을 뛰어넘어 20만 시간의 노력을 하였다. 한 분야에 1만 시간을 투자하면 달인이 될 수 있는데 그녀는 20만 시간을 투자했기 때문에 동양인의 한계를 극복하고 세계적인 발레리나가 된 것이다.

그녀는 20만 시간을 어떻게 연습했을까? 결코 쉽지 않았을 것이다. 많은 인고의 세월을 견디어 냈을 것이다. 그녀를 세계적인 발레리나가 되게 한 것은 20만 시간의 피눈물 나는 연습이 있었기에 가능했던 것이다. 20만 시간의

위대하라

노력으로 '달인의 경지'를 넘어 '신의 경지'에 올랐기 때문에 세계적인 발레리나가 된 것이다.

04
홍익인간의 위대한 꿈을 꾸라

사람들은 누구나 성공을 꿈꾼다. 사람들이 성공을 꿈꾸는 이유는 무엇일까? 사람들은 자신의 행복한 삶을 위해서 성공을 꿈꾸고 열심히 노력하는 것이다. 자신의 행복한 삶을 위해서 꿈을 꾸는 것은 잘못된 것이 아니다. 오히려 권장할 만한 것이다. 행복한 삶을 사는 것이 가장 큰 효도이고 가장 큰 애국이기 때문이다.

부모에게 용돈을 주거나 맛있는 것을 사 주지 않아도 자식이 행복하게 살아간다면 더 이상 바랄 것이 없는 것이

위대하라

부모의 마음이다. 만약 반대로 생각하는 부모가 있다면 좋은 부모는 아닐 것이다.

국가도 마찬가지다. 강한 나라가 되려면 개인이 강해야 한다. 개인이 약하면서 강한 나라가 된다는 것은 말이 되지 않는다. 따라서 개인이 행복하게 살아가는 것이 최고의 애국인 것이다.

학문은 '위기지학(爲己之學)'과 '위인지학(爲人之學)'으로 나뉜다. '위기지학'은 나를 위한 학문이고 '위인지학'은 다른 사람을 위한 학문이다. 처음에 학문에 입문할 때는 자신을 위해서 공부를 한다. 그러다가 학문이 무르익으면 자연스럽게 다른 사람을 위해서 공부하게 된다.

학문을 하는 것은 눈을 뜨게 되는 것이다. 학문을 통해서 눈을 뜨게 되면 학식과 인품을 갖춘 사람이 된다. 그리고 학식과 인품을 갖춘 사람이 되면 자신을 넘어서 다른 사람을 위해서 사는 사람이 된다.

꿈도 마찬가지가 아닐까? 꿈도 학문과 같은 과정을 거

쳐야 하지 않을까? 꿈도 처음에는 나의 행복을 위해서 꾸지만 꿈을 이루고 나면 다른 사람을 위해서 꿈꿔야 하지 않을까?

존경받는 삶이 최고의 삶이다. 존경받는 삶이 최고의 삶이지만 대한민국에는 존경받는 삶을 사는 사람이 많지 않다. 대한민국에 존경받는 사람이 많지 않다는 것은 무엇을 의미할까?

존경을 받으려면 실력과 인격을 갖추어야 한다. 실력이 없는데 존경을 받을 수 없고 인격이 나쁜데 존경을 받을 수 없다. 가난하면서 존경을 받기가 힘들고 지위가 낮으면서 존경을 받기가 힘든 것이다. 인격이 좋지 않으면서 존경을 받기도 힘들다. 부자가 되었어도 높은 지위에 올랐어도 인격이 뒷받침되지 않으면 존경받기 힘들다.

대한민국에 존경받는 사람이 많지 않다는 것은 불균형한 사람이 많다는 것이다. 실력이 있는 사람은 인격이 없고 인격이 있는 사람은 실력이 없다는 것이다.

꿈을 이룬 후에 다른 사람을 위한 삶을 사는 것은 존경받는 삶을 사는 것이 아닐까? 꿈을 이루려면 기본적으로 실력이 있어야 하고 다른 사람을 위한 삶을 살려면 인격이 갖추어져 있어야 하기 때문이다.

대한민국에 실력과 인격을 갖춘 균형감 있는 사람들이 많아져야 한다. 그래야 대한민국이 사람이 살 만한 강하고 아름다운 나라가 될 것이다.

홍익인간의 위대한 꿈

홍익인간(弘益人間)은 '널리 인간을 이롭게 한다'는 뜻이다. 인간을 이롭게 한다는 것은 다른 사람을 위해서 산다는 것이 아닐까? 다른 사람을 위해서 사는 사람이 된다는 것은 어떤 의미가 있을까? 다른 사람을 위해서 살아가는 사람은 '홍익인간'이 되는 것이 아닐까? 홍익인간의 뜻인 널리 인간을 이롭게 한다는 것은 결국 다른 사람을 위한 사람, 사람을 위한 사람이 되는 것이다.

홍익인간은 위대한 사람을 일컫는 말이다. 자신을 넘어

서 다른 사람을 위해서 산다는 것은 최고의 실력과 인격을 갖추지 못하면 불가능하기 때문이다.

홍익인간의 꿈을 꾸어야 한다. 홍익인간의 위대한 꿈을 꾸어야 한다. 홍익인간이 되겠다는 것은 위대한 사람이 되겠다는 것이다. 대한민국이 홍익인간으로 가득한 것을 상상해 보라. 얼마나 가슴 뛰는 일이 되겠는가! 대한민국의 모든 사람이 홍익인간이 되어서 다른 사람을 위해서 살아간다면 정말 강하고 아름다운 나라가 될 것이다.

대한민국의 모든 사람이 홍익인간의 위대한 꿈을 꾸어야 하는 이유는 홍익인간이 대한민국의 건국이념이기 때문이다. 대한민국은 오천 년의 역사를 가지고 있다. 대한민국은 오천 년 전에 단군왕검에 의해서 건국되었다. 단군왕검이 대한민국을 건국한 목적과 이유는 오직 홍익인간의 이념을 구현하기 위해서이다. 대한민국을 통해 세상의 모든 사람들을 이롭게 하기 위해서 나라를 세운 것이다.

홍익인간의 위대한 꿈을 꾸어야 하는 두 번째 이유는 대한민국의 교육법 제1조가 홍익인간을 양성하는 것이기 때문이다. 교육법 제1조는 "교육은 홍익인간(弘益人間)의 이념 아래 모든 국민으로 하여금 인격을 완성하고 자주적 생활 능력과 공민으로서의 자질을 구유(具有)하게 하여, 민주국가 발전에 봉사하며 인류공영의 이상 실현에 기여하게 함을 목적으로 한다"라고 되어 있다.

대한민국의 교육의 목표는 '홍익인간'을 양성하는 것에 있다. 2016년 대한민국의 교육 현실은 '홍익인간'을 양성하는 것과는 많은 차이가 있다. 그러나 대한민국의 교육의 목표는 엄연히 '홍익인간'이다.

대한민국의 교육은 대학입시를 위한 주입식과 암기식 교육이 전부다. 가슴이 시리도록 아픈 현실이지만 피할 수 없는 사실이다. 대한민국의 교육이 입시 위주의 교육으로 전환되면서 똑똑하고 실력 있는 사람을 만들기는 했지만 인격을 갖춘 올바른 인재를 만드는 것에는 실패하였다. 지금부터라도 대한민국의 교육이 대전환을 해야 한다. 실력과 인격을 갖춘 인재를 양성하는 방향으로 수정해야 한다. 그래야 대한민국에 미래가 있다고 감히 단언한다.

대한민국의 건국이념과 교육의 목표는 '홍익인간'이다. 대한민국처럼 아름다운 건국이념과 교육목표를 갖고 있는 나라는 흔치 않을 것이다. 대한민국의 모든 국민이 홍익인간의 위대한 꿈을 꾸어야 한다. 모든 국민이 홍익인간의 위대한 꿈을 이룬다면 대한민국은 세상에서 가장 강하고 아름다운 나라가 될 것이다.

홍익인간이 되려면 실력과 인격을 갖추어야 한다. 대한민국의 모든 국민이 위대한 실력과 위대한 인격을 갖추었다고 상상해 보라.

가슴이 떨리지 않는가!

대한민국에 홍익인간의 위대한 꿈이 반드시 이루어져야 한다. 홍익인간의 위대한 꿈이 이루어져야 하는 이유는 국민성에 있다. 대한민국의 국민성은 전 세계 어떤 나라와도 비교할 수 없다. 대한민국의 국민성은 순수성이다. 대한민국의 모든 국민은 모두 다 착하고 순하다. 순한 양 같은 민족이 바로 대한민국 국민이다.

대한민국처럼 국민들 사이에 갈등이 적은 나라가 없다. 물론 현재 남북으로 분단되어 있고 동서갈등이 조금 있고 조선 시대에 낭쟁이 심했던 것은 사실이다. 그러나 그것은 어디까지나 기득권층의 문제일 뿐이다. 기득권은 자신들의 사리사욕(私利私慾)을 위해서 당쟁을 일삼고 동서갈등을 일으키지만 국민 대다수는 거기에 동의하지도 않고 동참하지도 않고 있다.

대한민국은 종교 간에 갈등이 없는 나라이다. 우리나라에서 기독교와 불교가 유혈충돌을 일으킨 적이 있는가? 종교 간의 유혈충돌을 일으킬 만큼의 분쟁은 한 번도 없었다. 대한민국에 종교분쟁이 없다는 것은 그만큼 국민성이 좋다는 것이다. 국민들의 마음이 착하고 순수하다는 것이다.

대한민국의 국민성이 세계에서 유래를 찾아보기 힘들

만큼 착하고 순수하다는 것은 건국이념과 교육의 목표와 밀접한 관련이 있을 것이다. 나라의 건국이념과 교육의 목표가 홍익인간으로 널리 인간을 이롭게 하자는 것이기에 국민들의 마음이 착하고 순수한 것이다.

대한민국에 홍익인간의 이념이 완전히 뿌리를 내려서 모든 국민이 실력과 인격을 갖추어야 한다. 그래서 대한민국이 세상에서 가장 강하고 아름다운 나라가 된다면 지구별에서 벌어지는 모든 전쟁과 기아가 사라질 것이다. 대한민국의 훌륭한 국민성이 지구별을 살기 좋은 곳으로 만들 것이라고 확신하기 때문이다.

대한민국의 모든 국민이 홍익인간의 위대한 꿈을 꾸어야 한다. 그대의 꿈도 홍익인간의 위대한 꿈이어야 한다. 홍익인간의 위대한 꿈을 꾸고 위대한 실력과 위대한 인격을 갖춘 사람이 되어야 한다.

대한민국의 국민 개개인이 홍익인간의 위대한 꿈을 꾸고 위대한 실력과 인격을 갖추어야 한다. 그러면 대한민국

위대하라

은 세상에서 가장 강하고 아름다운 나라가 될 것이고 지구
별은 사람이 살 만한 아름다운 세상이 될 것이다.

그대는 홍익인간의 위대한 꿈을 꿀 준비가 되었는가?

PART
3

위대한 결심으로
위대하라

01
꿈을 넘어 위대한 결심으로

꿈은 삶의 이유이자 목적이다. 꿈은 날마다 새로운 힘을 제
공해 준다. 꿈은 가슴 뛰는 삶을 살게 해 주는 원동력이다.
꿈은 열정의 화신의 되게 하고 불타는 삶을 살게 해 준다.

　우리는 반드시 꿈을 가져야 한다. 그러나 꿈은 막연하
다. 꿈을 찾은 사람의 삶은 완전히 달라진다. 그러나 꿈을
찾기가 쉽지 않다. 꿈을 갖는 것은 위대한 것이지만 꿈은
정말 막연하고 찾기가 쉽지 않다. 어떤 꿈을 꾸어야 하고
어떤 일을 해야 하는지는 정말 막연하다. 내가 무엇을 좋

아하고 무엇을 잘할 수 있는지도 막연하다. 어떤 일에 내 인생을 걸고 도전을 해야 하는지 정말 막연할 때가 많다.

우연히 꿈을 찾은 사람도 있지만 대부분의 사람들은 꿈을 찾지 못한다. 꿈을 갖기를 간절히 원하지만 어떤 꿈을 가져야 하는지 막연하기 때문이다.

꿈은 인생의 키워드와도 같다. 인생의 키워드는 내 인생을 한 단어로 말해 주는 것이다. 내가 살아가는 동안 나의 인생을 걸고 이루어야 할 사명이자 목표이다. 인생의 키워드는 내 삶의 이유와 목적이 되는 한 단어인 것이다. 따라서 인생의 키워드를 찾은 사람은 모든 방황을 멈추고 가슴 뛰는 삶을 살게 된다. 그래서 최고로 멋지고 아름다운 인생을 살기 위해서는 반드시 인생의 키워드를 찾아야 한다.

내 인생의 키워드는 '일두독론국민독서'이다. 나는 '일두독론국민독서' 프로젝트를 실천하여 대한민국을 세상에서 가장 강하고 아름다운 나라로 만들 것이다. 나는 이것을 위해서 나의 모든 것을 걸고 뜨겁게 달려갈 것이다.

인생의 키워드가 삶을 뜨겁게 해 주지만 인생의 키워드를 찾는 것도 꿈을 찾는 것처럼 쉽지 않고 막연하기만 하다. 내가 무엇을 잘하고 무엇에 관심이 있는지를 아는 것은 쉽지 않다. 나의 남은 인생을 걸고 이루어야 할 인생의 키워드를 발견하는 것도 결코 쉽지 않다.

꿈도 막연하고 인생의 키워드도 막연하기 때문에 위대한 결심이 반드시 필요하다. 내가 인생의 키워드를 찾기까지는 위대한 결심이 큰 역할을 하였다. 위대한 결심을 하고 위대한 사람이 되기 위해 노력하는 과정에서 찾은 것이 '일두독론국민독서'이다.

위대한 결심이 내 인생의 키워드를 찾게 만들어 준 것이다. 내 인생의 키워드는 '일두독론국민독서'이다. 내 인생의 키워드인 '일두독론국민독서'는 나도 위대하게 만들어 주고 대한민국도 위대하게 만들어 줄 것이다.

위대하라

위대한 결심은 누구나 할 수 있다

꿈은 막연하지만 위대한 결심은 누구나 할 수 있다. 내가 무엇을 좋아하고 무엇을 잘하는지를 잘 알지 못하고 어떤 일을 할 때 가슴이 뛰는지도 잘 모른다. 그러나 위대한 사람이 되겠다는 결심은 누구나 할 수 있다.

꿈이 투명하게 다가와서 어떤 꿈을 꾸고 어떤 노력을 해야 하는지를 알려 준다면 좋을 것이다. 그러나 꿈은 막연하기 때문에 잘 알려 주지 않는다. 그래서 위대한 결심이 필요한 것이다.

어떤 꿈을 꾸고 어떤 일을 해야 하는지는 잘 모르지만 위대한 사람이 되어서 별처럼 빛나는 위대한 삶을 살겠다는 결심은 누구나 할 수 있다.

위대한 결심에 취한 드 골 대통령 이야기

프랑스의 샤를 드 골(Charles De Gaulle) 대통령은 "위대한 사람은 위대해지기로 결심한 사람만 될 수 있다"고 말했다. 위대한 사람은 어느 날 갑자기 위대해지는 것이 아니라는 것이다. 위대한 사람은 위대한 사람이 되겠다는 결심을 하고 위대한 노력을 해야 가능하다는 것이다.

위대한 사람이 태어날 때부터 위대한 사람으로 태어나는 것은 아니다. 그들도 보통 사람들과 똑같이 태어났지만 위대한 결심을 하고 위대한 노력을 한 후에 위대한 사람이 된 것이다.

드 골 대통령도 어려서부터 위대한 결심을 했다. 그는 위대한 결심에 취해서 살았다. 하루하루를 위대한 결심에 사로잡혀서 가슴 뛰는 삶을 살았다. 그는 아침에 일어나자마자 큰 소리로 "나는 위대한 사람이 될 거야!"라고 외치면서 하루를 시작했다. 드 골 대통령은 일과 중에도 위대한 결심을 하면서 만나는 사람들에게 진지하게 자신의 위대한 결심에 대한 이야기를 하였다.

드 골 대통령은 잠자리에 들기 전에도 하루를 돌아보면서 위대한 결심에 걸맞는 생각과 행동을 했는지 반성하고 돌아보며 굳은 결심을 하는 시간을 가졌다. 위대한 결심에 취해 살던 드 골 대통령은 2차 세계대전 때 독일에게 점령당한 조국의 독립운동을 했다. 전쟁이 끝난 후에 귀국하여 결국 프랑스의 대통령이 되었다.

2005년 초에 프랑스의 국영TV인 프랑스2는 '가장 위대한 100명의 프랑스인'을 제작하였다. '가장 위대한 100명의 프랑스인'은 소수의 전문가들이 선정한 것이 아니라 시청자들이 직접 참여하여 선정하였다. 프랑스 역사상 가장 위대한 인물로는 드 골 대통령이 절대다수의 지지를 얻어 1위로 선정이 되었다. 드 골 대통령이 나폴레옹이나 잔 다르크 같은 역사적인 인물들을 제치고 1위로 선정된 것은 프랑스인들의 마음속에 가장 큰 사랑과 존경을 받는 사람이기 때문이다. 프랑스인들에게는 드 골 대통령이 가장 위대한 인물이라는 것이다.

'위대함'의 반대말은 '좋은' 것이다

'위대함'의 반대말은 무엇일까? '위대함'의 반대말은 '좋은'
것이다. 원래 '좋은' 것은 좋은 의미를 가지고 있다. 그러나
'좋은' 것이 '좋은 게 좋은 거야!'라는 말로 사용되면 의미가
완전히 달라진다. '좋은 게 좋은 거야!'는 적당히 하자는 것
이다.

'위대함'은 혁신이 있어야 가능하다. '위대함'은 쉽게 이
루어지지 않는 것이다. '좋은 것'은 혁신을 방해한다. 그래
서 '좋은' 것이 '위대함'의 반대말이 되는 것이다.

사람은 누구나 더 나은 삶을 추구한다. 그러나 더 나은
삶을 추구하기가 말 처럼 쉽지 않다. 더 나은 삶을 살기 위
해서는 자신을 혁명적으로 바꿔야 하기 때문이다.

"답은 내 안에 있다"는 말이 있다. 이 말은 모든 문제의
근원이 자신에게 달려 있다는 것이다. 자신을 바꾸고 자신
안에서 답을 찾을 때 더 나은 삶을 살 수 있게 된다. 그러나
자신을 바꾸고 더 나은 삶을 살기란 결코 쉽지 않다.

위대하라

더 나은 삶을 살기 위해서는 위대한 삶을 추구해야 한다. 위대한 삶을 추구하지도 않으면서 자신을 바꿀 수 있는 사람은 없다. '좋은 게 좋은 거야!'라는 적당주의의 함정에 빠지기 때문이다. 나를 바꿀 수 있는 힘은 쉽게 나오지 않는다. 더 나은 삶을 위하여 자신을 바꾸는 것이 쉽지 않기 때문에 많은 사람들이 어제 같은 오늘을 살고 오늘 같은 내일을 사는 것이다. 운명을 바꾸고 위대한 삶을 살려면 '좋은 게 좋은 거야!'라는 적당주의의 함정에서 빠져 나와야 한다.

미국의 제33대 트루먼(Truman) 대통령도 더 나은 삶을 위하여 평생을 '대가 지불의 법칙'을 실천하면서 살았다. 트루먼 대통령은 "나는 위대한 인물이라고 생각하지는 않지만, 위대해지고자 노력하는 동안은 위대한 시간을 보냈다"고 말했다. 트루먼 대통령은 위대한 사람은 아니지만 위대해지기 위한 노력을 하면서 살았다는 것이다.

위대한 사람은 태어나는 것이 아니라 만들어지는 것이

다. 어떤 사람이든지 위대한 결심을 하고 위대한 노력을 하면 누구나 위대한 사람이 될 수 있다.

트루먼 대통령은 더 나은 삶을 살기 위하여 위대한 노력을 하면서 살았고, 미국 대통령의 자리까지 오르게 된 것이다. 더 나은 삶을 위한 위대한 결심과 위대한 노력이 위대한 삶으로 이끌어 준 것이다.

아인슈타인(Albert Einstein)은 "어제와 똑같은 방법을 반복하면서 더 나은 결과가 나오기를 바라는 것은 정신병 초기 증세이다"라고 말했다. 더 나은 삶을 살기 위해서는 어제와 똑같은 방법을 버려야 한다는 것이다. 어제와 똑같은 오늘을 살면서는 절대로 변할 수 없다는 것이다.

아내와의 관계가 좋지 않은데 어제와 똑같은 방법으로 아내를 대하고, 자녀와의 관계가 좋지 않은데 어제와 똑같은 방법으로 자녀를 대하고, 사람들과의 관계가 좋지 않은데 어제와 똑같은 방법을 고수하면서 이를 반복한다면 아무 희망이 없다는 것이다.

위대한 노력은 어제보다 나은 오늘을 살기 위한 노력이다. 어제보다 나은 오늘을 살기 위한 노력이 쌓이고 쌓이면 위대한 삶을 살 수 있게 되는 것이다.

사람은 누구나 더 나은 삶을 추구한다. 더 나은 삶을 살기 위해서는 위대한 삶을 추구해야 한다. 위대한 삶을 추구해야 어제와 다른 방법을 생각해 낼 수 있기 때문이다. 물론 위대한 삶을 추구한다고 해서 바로 위대한 사람이 되는 것은 아니다. 수없이 많은 시간과 노력을 투자했을 때 가능한 것이다. 나의 두뇌에 위대한 세포가 만들어져야 가능한 것이다.

두뇌에 위대한 세포가 만들어지면 위대한 세포가 위대한 생각과 위대한 행동을 이끌게 되어 결국 위대한 삶을 살도록 만들어 주기 때문이다.

위대한 결심을 시작하라!
그대의 두뇌에 위대한 세포가 만들어질 것이다.

02
위대한 생각이 위대한 사람을 만든다

사람의 미래를 알 수 있는가? 사람의 불확실한 미래를 예측하기는 매우 어렵다. 그러나 사람의 미래를 어느 정도는 예측할 수 있다. 사람의 미래는 그 사람의 말을 들어보면 알 수 있다. 사람은 말한 대로 된다. 자신이 말한 대로 되는 것은 자연법칙과도 같은 것이다.

말에는 힘이 있다. 사람의 말에는 엄청난 힘이 들어 있다. 사람의 말은 사람을 죽일 수도 있고 살릴 수도 있는 강한 힘을 가지고 있다.

위대하라

내가 말하는 것이 우연히 나오는 것 같지만 말은 우연히 나오는 것이 아니다. 말은 마음속에 쌓여 있는 것이 나오는 것이다. 그래서 사람의 말을 마음의 소리라고 하는 것이다. 말이 마음속에서 나오는 울림이기에 어떤 사람의 말을 잘 들어보면 그 사람의 미래를 알 수 있는 것이다.

사람은 마음이 중요하다. 마음에서 모든 것이 결정되기 때문이다. 부자가 되는 사람은 마음으로 먼저 부자가 되는 것이고, 공부를 잘하는 사람은 마음으로 먼저 공부를 잘하는 것이다. 행복한 사람은 마음으로 먼저 행복해지는 것이고 위대한 사람은 마음으로 먼저 위대해지는 것이다.

사람의 미래를 알 수 있다는 것은 말을 통해서 알 수 있다는 것이다. 사람은 자신이 말한 대로 되기 때문이다. 어떤 사람의 말을 들어보면 그 사람의 미래가 어느 정도 예측이 된다. 자신감을 가지고 말하면 그 말대로 될 것이고 자신감 없이 말하면 그 말대로 되지 않을 것이다.

사람은 결국 말이 이끌어간다는 것이다. "말이 씨가 된다"는 말이 있다. 사람의 말은 다 이루어진다는 말이다. 사람의 말은 하나도 땅에 떨어지지 않고 다 이루어진다는 것이다.

우리가 위대한 결심을 해야 하는 이유가 바로 여기에 있다. 우리의 말이 하나도 땅에 떨어지지 않고 말한 대로 되기 때문에 위대한 결심을 해야 한다. 위대한 사람이 되겠다는 위대한 결심을 하면 결국 위대한 사람이 되는 것이다. 위대한 삶을 산 사람치고 우연히 그런 사람은 하나도 없다. 위대한 삶을 산 사람들은 대부분 운명을 바꾸겠다는 큰 결심을 한 사람들이다. 위대한 삶을 산 사람들은 위대한 결심을 하고 위대한 노력을 한 사람들인 것이다.

스티브 잡스의 위대한 생각

스티브 잡스는 창조적 인재의 대명사로 디지털 혁명을 이끈 장본인이다. 스티브 잡스가 디지털 혁명을 이끌고 세계적인 인물이 된 것은 우연히 된 것이 아니다.

'나는 우주에 흔적을 남길 것이다.'

스티브 잡스의 위대한 생각을 아는가? 스티브 잡스는
'나는 우주에 흔적을 남길 것이다'라고 생각했다. 스티브
잡스는 세계적인 사람을 넘어 우주적인 사람이 되겠다고
결심했던 사람이다. 정말 엄청난 생각을 한 사람이다.

스티브 잡스는 사생아로 태어나서 입양되었다. 스티브
잡스는 카센터에서 일하거나 트럭운전을 하는 노동자 집
안에 입양되었다. 사생아로 태어나 가난한 가정으로 입양
되어 힘들고 어려운 환경에서 자라게 되었다.

스티브 잡스는 힘들고 어려운 환경에서 자랐지만 세계
적인 인물이 되었다. 그의 위대한 생각이 모든 어려움을
극복하게 만든 원동력이었다. 애플(Apple)이라는 세계 최
고의 기업을 세울 수 있었던 것은 그의 위대한 생각과 결
심이 있었기에 가능한 것이었다.

스티브 잡스는 자신이 세운 애플에서 퇴출되었었다. 정
말 수치스럽고 절망스러운 일이었을 것이다. 그러나 그는

좌절하지 않았다. 오히려 더 큰 발전을 이루는 계기로 삼았다.

애플에서 퇴출된 후에 그는 넥스트(NeXT)라는 기업을 통하여 다시 일어설 발판을 마련하였다. 넥스트에서는 많은 희망을 발견하지 못했지만 만화영화를 만드는 픽사(Pixar)를 통해서 완벽하게 재기하게 된다. 그리고 픽사의 성공으로 다시 애플로 복직하게 되었다.

스티브 잡스는 애플에서 퇴출된 후에 많은 시련이 있었지만 모든 것을 극복하고 다시 애플로 복직하여 세계 최고의 기업으로 성장시켰다. 스티브 잡스가 자신이 설립한 기업에서 퇴출이 되는 수치스러운 일을 극복하고 세계 최고의 인물이 된 것은 위대한 생각을 했기에 가능한 것이었다. 우주적인 사람이 되겠다는 스티브 잡스의 위대한 생각이 도저히 이겨낼 수 없는 시련을 극복하고 세계적인 사람으로 성장하게 만든 힘이었다.

위대한 생각을 하는 사람은 절대로 좌절하거나 절망하지 않는다. 위대한 생각이 좌절하거나 절망하도록 내버려

위대하라

두지 않기 때문이다. 위대한 생각이 시키고 위대한 생각이
이끌어가기 때문이다.

김구 선생님의 위대한 소원

김구 선생님의 소원은 너무나 잘 알려져 있다. 김구 선생
님은 백범일지(白凡逸志)에서 다음과 같이 말씀하셨다.

"네 소원이 무엇이냐?"
하고 하나님이 물으시면
나는 서슴치 않고
"내 소원은 대한 독립이오"
라고 말할 것이다.

"그 다음 소원이 무엇이냐?"라고 하면
나는 또 "우리나라의 독립이오"
라고 할 것이다.

"그 다음 소원이 무엇이냐?"

하는 세 번째 물음에

나는 더욱 소리를 높여서

"나의 소원은 우리나라 대한의

완전한 자주독립이오"

라고 대답할 것이다.

　김구 선생님의 소원은 대한민국의 독립이었다. 하나님께서 김구 선생님에게 백 번을 묻고 천 번을 물어도 대한 독립을 외쳤을 것이다. 일반인들에게 하나님께서 소원을 물어보신다면 대다수가 자신의 안위를 위한 소원을 말할 것이다. 어쩌면 한 번 정도는 나라와 민족을 위한 소원을 말할지도 모른다. 그러나 그 다음 소원으로는 자신의 안위를 위한 소원을 말할 것이다.

　김구 선생님은 세 번의 물음에 모두 다 대한민국의 독립을 소원하셨다. 김구 선생님이 '민족의 아버지'라고 불리는 것은 나라와 민족을 사랑하는 선생님의 정신에서 나온 것이 아닐까?

김구 선생님은 대한민국의 독립을 이루기 위해서 애국심과 사명감으로 불타오르는 삶을 사셨다. 우리 같은 평범한 사람들은 감히 상상할 수도 없고 따라할 수도 없는 강한 정신이다.

어쩌면 김구 선생님의 소원은 위대한 생각이 아닐까? 위대한 결심이 아닐까? 큰 마음과 큰 정신으로 살아간다는 것은 위대한 생각과 위대한 결심으로 살아간다는 것이 아닐까?

오바마 대통령의 위대한 꿈

오바마 대통령은 흑인 아버지와 백인 어머니 사이에서 태어났다. 오바마는 부모님과 함께 살 수 없었기 때문에 외할아버지, 외할머니와 함께 살았다.

"너는 미국 대통령이 되거라!"

오바마의 할아버지는 오바마에게 "너는 미국 대통령이 되거라!"라고 항상 말씀했다. 흑백 차별이 심했던 50년 전에는 흑인인 오바마가 대통령이 된다는 것은 상상할 수도 없는 일이었다. 그러나 오바마의 할아버지는 끊임없이 오바마에게 대통령이 되라고 격려해 주었다. 할아버지의 영향으로 오바마는 감히 상상할 수도 없는 대통령의 꿈을 꾸게 되었다. 오바마의 학창 시절 일기를 보면 미국 대통령이 되겠다고 결심하는 부분이 자주 나온다.

오바마는 부모님과 떨어져서 할아버지와 할머니하고 살았고 흑인이었기에 받아야 할 많은 차별이 있었다. 그러나 모든 것을 극복하고 미국의 대통령이 되었다. 오바마가 대통령이 될 수 있었던 것은 전적으로 할아버지의 격려에서 비롯된 것이다.

오바마의 할아버지가 감히 상상할 수도 없는 위대한 꿈을 심어 준 것은 위대한 생각의 산물이다. 할아버지의 위대한 생각이 오바마를 미국 대통령으로 만들어 준 것이다.

위대하라

위대하게 생각하라

위대한 생각이 위대한 사람을 만든다. 지금부터는 작은 생각을 버리고 위대한 생각을 해야 한다. 상황과 현실이 위대한 생각을 할 수 없는 아무리 절박한 경우라도 위대한 생각을 할 수 있다면 반드시 일어설 수 있을 것이다.

대한민국의 청년들이 가슴 속에 위대한 생각을 품고 살아야 한다. 3포 시대를 살고 있는 청년들이 패배주의에 빠져 국가를 원망하고 사회를 원망하고 있다면 잠시 내려놓고 위대한 생각을 품어야 한다. 그대의 위대한 생각이 그대를 위대한 사람으로 만들어 줄 것이기 때문이다.

위대한 생각을 시작하라!
그대의 위대한 생각이 그대를 위대하게 만들 것이다.

03
위대한 생각이 위대한 국가를 만든다

대한민국의 헌법 제1조 1항은 "대한민국은 민주공화국이
다"이고 2항은 "대한민국의 주권은 국민에게 있고, 모든
권력은 국민으로부터 나온다"라고 되어 있다.

  대한민국의 헌법을 보면 대한민국은 국민을 위한 나라
이다. 대한민국은 국민을 위해서 존재하는 나라이다. 대한
민국이 국민을 위한 나라가 되기 위해서는 강하고 아름다

운 위대한 나라가 되어야 한다. 위대한 국가에서만 국민이 보호를 받을 수 있다. 나라가 강하면 국민들은 행복한 삶을 살 수 있고 나라가 약하면 국민들은 모두 전쟁의 위협과 기아의 고통에 노출된다.

대한민국은 위대한 국가인가?

대한민국은 헌법에 명시된 대로 국민을 위한 나라인가?

대한민국은 국민을 보호할 수 있는 위대한 나라가 되었는가?

대한민국의 국민들은 오천 년의 역사에서 항상 헐벗고 굶주리고 수탈당하면서 살아온 백성들이었다. 그래서 대한민국의 역사는 한(恨)의 역사이기도 하다. 대한민국은 세계 10위권의 경제 강국으로 강하고 풍요로운 나라가 되었다. 지금의 풍요로움을 영원히 유지하여 다시는 국민들을 고통 속으로 몰아넣어서는 안 된다.

한비자(韓非子)는 "영원히 강한 나라도 없고 영원히 약한 나라도 없다"고 말했다. 한비자는 영원히 강한 나라도 없고 영원히 약한 나라도 없으니 영원히 강한 나라가 될 수 있는 방안을 찾아야 한다고 말하고 있는 것이다.

중국 역사를 기록한 '사기(史記)'를 보면 국가의 흥망성쇠는 왕의 생각에 달려 있다. 왕의 생각이 백성을 사랑하고 보호하는 것이면 강한 나라가 되고, 왕의 생각이 백성의 고통은 아랑곳하지 않고 향락을 즐기거나 전쟁을 좋아하면 약한 나라가 되는 것이다. 과거에는 왕권이 강한 시대라서 왕의 생각에 따라 국가의 흥망성쇠가 결정되었지만 지금은 국민들의 생각에 따라 국가의 흥망성쇠가 결정된다.

대한민국의 미래는 국민들이 어떤 생각을 하면서 살아가느냐에 달려 있다. 국민들이 위대한 생각을 품고 살아간다면 대한민국은 영원히 강하고 아름다운 위대한 나라가 될 것이고 약한 생각을 품고 살아간다면 대한민국은 영원히 약한 나라가 될 것이다.

강하고 아름다운 위대한 나라가 되기 위해서는 한 사람

의 생각이 중요하다. 어떤 한 사람의 생각이 나라를 구할 수도 있고 패망으로 이끌 수도 있기 때문이다.

어떤 한 사람의 위대한 생각이 백성들에게 들불처럼 번지면 그 나라는 강한 나라가 될 것이고, 어떤 한 사람의 나약한 생각이 백성들에게 퍼지면 그 나라는 약한 나라가 될 수밖에 없다.

위대한 민본사상을 실천한 정도전

정도전은 태조 이성계와 함께 고려를 무너뜨리고 조선을 건국한 역사적인 인물이다. 조선의 수도인 한양(서울)을 설계하고 건설한 인물이다. 대한민국에 현존하는 경복궁을 비롯한 왕궁들과 4대문들도 정도전이 직접 설계하고 건설한 것들이다.

정도전이 부패한 고려 왕조를 무너뜨리고 조선을 건국한 것은 민본(民本)사상을 실천하기 위해서였다. 정도전은 고려의 관리로 민본사상을 실현하기 위해서 노력했지만 부패한 고려 왕조에서는 불가능했다.

민본사상을 실현하기 위해서 정도전은 고려의 마지막 충신으로 알려진 정몽주와 뜻을 같이했다. 그러나 정몽주는 고려를 유지한 상태로 개혁하기를 원했고 정도전은 부패한 고려를 무너뜨리고 새로운 나라에서 개혁을 해야 한다고 주장하였다.

정도전은 민본사상을 실현하기 위하여 동문수학(同門受學)했던 형제와 같은 사람들과 등을 지면서까지 백성을 사랑한 위대한 인물이었다.

민본사상은 백성이 근본이라는 뜻으로 백성이 주인이라는 사상이다. 민본사상은 모든 정책의 출발점은 오직 백성들의 안녕을 위하고 백성들의 행복을 위해서 시작되어야 한다는 것이 핵심적인 사상이다.

민본사상은 대한민국의 헌법 제1조와도 너무나 닮아 있다. 정도전이 주장한 민본사상은 600년 전에 주장한 것으로 세계적으로도 위대한 사상이다. 600년 전에 이런 위대한 사상을 가진 분이 대한민국에 실존했던 인물이라는 것

위대하라

이 정말 자랑스러운 것이다.

미국에는 4백만 명이나 되는 노예들이 폭행과 착취를 당하는 아주 비인격적인 대우를 받고 있었다. 링컨 대통령이 인간의 존엄성을 위하여 미국의 노예해방선언을 한 것은 불과 150년 전의 일이다. 프랑스의 일반인들로 구성된 국민회의가 "인간은 태어나면서 자유와 평등의 권리를 가진다"라는 인권선언을 하며 프랑스 대혁명을 일으킨 것이 불과 230년 전의 일이다. 영국이 시민혁명인 청교도혁명과 명예혁명을 통하여 절대주의적 왕정을 무너뜨리고 자유주의적 입헌주의를 세운 것이 불과 330년 전의 일이다.

정도전은 민본사상을 실천하기 위하여 왕권을 약화시키고 의회주의를 시도하였다. 지금으로 말하면 대통령중심제가 아니라 내각책임제와 같은 정치를 시도한 것이다. 만약 정도전이 민본사상을 뿌리내리는 데 성공했다면 대한민국은 600년 전에 모든 사람이 평등한 민주주의 국가가 되었을 것이다. 대한민국은 600년 전에 위대한 나라가 될 수 있는 기회를 놓친 것이다.

일본의 메이지 유신을 이끈 메이지 천황

일본은 5천 년 동안 대한민국의 영향 아래에 있었다. 일본
은 5천 년 동안 군사적으로나 문화적으로 대한민국의 영향
을 받으면서 살아왔다. 일본은 5천 년 동안 미개한 나라로
살아왔지만 지금은 세계 2위 국가이다. 일본이 세계 2위 국
가가 될 수 있었던 것은 메이지 유신의 영향으로 군사적인
면과 문화적인 면에서 강한 나라가 되었기 때문이다.

메이지 유신의 배경은 막부정치의 실패에서 시작되었
다. 1850년대 일본은 막부가 권력을 잡고 있는 시대였다.
막부정치란 천황은 있지만 권력은 없고 막부의 우두머리
인 쇼군이 실질적으로 통치하는 정치체제이다.

에도 막부 시대에 미국을 선두로 유럽의 여러 나라들이
개항을 요구해 왔다. 에도 막부는 쇄국을 포기하고 불평등
한 조약을 맺게 되었고 천황과 다이묘들의 반발을 사게 되

위대하라

었다. 개항 후에 일본은 엄청난 물가 때문에 국민들의 생활이 어려워졌고 천황을 중심으로 세력을 형성하게 되었다. 결국 마지막 쇼군인 요시노부가 천황에게 권력을 돌려주게 되어 다시 천황 정치가 시작되었다.

메이지 천황은 일본이 살려면 서양처럼 변해야 한다는 생각으로 1868년에 '메이지 유신'이라는 개혁을 시작했다. 메이지 천황은 '메이지 유신'을 통해 중앙집권적인 행정제도를 만들고 모든 사람은 평등하다는 선언을 하고 세금제도와 군사제도를 바꾸었다. 그리고 일본을 근본적으로 바꾸기 위해서 교육을 개혁했다.

'메이지 유신'의 핵심은 일본의 근대화를 위해서 모든 사람은 평등하다는 사상으로 군사제도와 교육제도를 서양식으로 바꾼 것이다.

일본은 5천 년 동안 대한민국에게 영향을 받아온 나라였지만 150년 전에 실시한 '메이지 유신'을 통해서 평등사상을 실천했고, 군사개혁과 교육개혁을 통해서 대한민국을 뛰어

넘어 세계 최강국이 된 것이다. 메이지 천황이라는 한 사람의 위대한 생각이 일본을 위대한 나라로 만들게 된 것이다.

싱가포르의 국부 리콴유 수상

싱가포르는 동남아시아에 있는 작은 섬으로 이루어진 도시 국가이다. 싱가포르는 1819년에 영국의 식민지였다가 1959년에 자치령이 되었고, 1963년에 말레이시아의 연방이 되었다가 1965년에 분리 독립한 나라이다.

싱가포르의 국토 면적은 697㎢으로 세계 192위이고 인구는 약 5백 5십만 명으로 세계 115위의 작은 나라이다. 싱가포르의 국토 면적은 대한민국의 141배나 작고 인구는 10배나 적지만 국가 경쟁력은 대한민국은 26위지만 싱가포르는 2위이고 국가 청렴도는 대한민국은 45위지만 싱가포르는 5위다. 1인당 국민소득은 대한민국은 28위지만 싱가포르는 8위이고 1인당 국민 소득액은 대한민국은 27,340달러이지만 싱가포르는 56,113달러이다.

위대하라

싱가포르는 경제적으로 세계 최정상 국가이고 부패지수와 청렴도에서도 유럽 선진국과 비교해도 전혀 부족함이 없는 국가이다. 싱가포르는 세계 4위 규모의 외환시장을 보유하고 있는 세계적인 금융허브의 나라이다. 세계에서 기업하기 가장 좋은 나라로 기업 친화적인 경제와 금융 환경을 갖추고 있다.

싱가포르가 세계적인 나라가 될 수 있었던 것은 31년 동안 총리를 지낸 싱가포르의 국부인 리콴유(李光耀) 수상 덕분이다. 리콴유 수상은 1965년에 말레이시아 연방에서 독립할 때 눈물을 흘리면서 독립선언을 하였다. 리콴유 수상이 눈물을 흘리면서 독립선언을 한 것은 기뻐서가 아니라 싱가포르의 심각한 상황 때문이었다.

1965년에 독립할 당시 인구는 100만 명이었고 1인당 국민소득은 400달러 정도의 가난한 나라였다. 군인도 없었고 경찰력이 전부였기 때문에 나라를 지킬 수 있는 힘도 없었다.

리콴유 수상은 싱가포르의 상황을 직시하고 위대한 싱가포르를 건설하기로 결심하였다. 그러기 위해서 군사개혁과 교육개혁을 단행하였다. 리콴유 수상은 당시 싱가포르와 비슷한 상황에 놓여있던 이스라엘의 도움을 받아서 군사개혁을 단행하여 싱가포르의 군대를 세계 최강의 군대로 양성하였다.

교육개혁은 스파르타식 교육제도를 만들어서 인재를 양성하였다. 초등학교 4학년 때 국가시험을 실시하여 통과하지 못하면 졸업 후에 바로 직업학교로 보내어 직업훈련을 하게 하였다. 중학교와 고등학교에서도 비슷한 과정을 거쳐서 선발된 정예인원만 대학교에 진학하여 세계 최고의 엘리트로 길러졌다.

리콴유 수상은 엄격한 사법질서를 확립하여 국가 부패지수와 청렴도에서도 세계 최상위 국가를 만들었다. 싱가포르는 깨끗한 거리와 안전한 치안질서에서도 세계 최고를 유지하고 있는 삶의 만족도가 아주 높은 국가이다. 리콴유 수상 한 사람의 생각이 싱가포르를 이처럼 위대한 국가로 만든 것이다.

위대한 생각을 시작하라!

그대의 위대한 생각이

대한민국을 위대하게 만들 것이다.

04
위대한 결심을 시작하라

프랑스의 드 골 대통령과 미국의 트루먼 대통령은 위대한 결심을 하고 위대한 삶을 살았다. 두 사람은 위대한 사람으로 태어난 것이 아니라 평범한 사람으로 태어났지만 위대한 사람이 되었다.

드 골과 트루먼 대통령이 위대한 사람으로 태어나서 위대한 사람이 되었다면 평범한 사람은 위대한 사람이 될 수 없을 것이다. 그러나 두 사람이 평범함을 극복하고 위대한 삶을 살았기 때문에 평범한 사람도 얼마든지 위대한 사람

위대하라

이 될 수 있다.

위대한 결심을 한다고 해서 모든 사람이 하루아침에 위대한 사람이 되는 것은 아니다. '대가 지불의 법칙'이 있기 때문이다. 위대한 사람이 되기 위해서는 많은 시간 동안 위대한 노력을 해야 한다.

위대한 노력은 인간의 한계를 극복하는 노력이다. 인간의 한계는 자기 자신의 한계이기도 하다. 결국 인간의 한계는 다른 사람의 한계가 아니라 자기 자신의 한계이다. 자신의 한계를 극복하는 것은 쉽지 않다. 세상에서 가장 이기기 어려운 것이 자기 자신이기 때문이다.

사람은 쉽게 변하지 않는다. 변하기 위해서 많은 결심과 노력을 해 보지만 작심삼일(作心三日)에 그치는 경우가 많다. 사람이 변한다는 것은 인간의 한계를 극복하는 것이기 때문이다. 그래서 많은 사람들이 평생 동안 어제와 같은 오늘을 살고 오늘과 같은 내일을 살면서 생을 마감하는 것이다.

사람이 변하는 것은 정말 어렵다. 10년 전에 만났던 사람을 오늘 다시 만나보라. 10년의 세월이 지났지만 10년 전에 말하고 행동했던 것처럼 오늘도 똑같이 말하고 행동하는 경우가 많을 것이다. 아무리 많은 세월이 지나도 잘 변하지 않는 것이 인간의 습성이다.

위대한 노력은 자신의 한계를 극복하는 노력을 하는 것이다. 위대한 노력은 어떤 거창한 구호가 아니라 나의 한계를 극복해 나가는 것이다. 나의 한계를 극복해 나가는 위대한 노력이 반복되고 반복되면 누구나 위대한 사람이 될 수 있는 것이다.

위대한 노력이 반복되면 위대한 삶을 살 수 있지만 실천하는 것은 쉽지 않다. 자신의 한계를 극복하는 위대한 노력은 그동안 해 온 노력보다 두 배 이상으로 더 열심히 실천해야 하기 때문이다. 위대한 노력을 하는 것이 쉽지 않기 때문에 위대한 결심이 필요한 것이다. 인간의 한계를 극복하기 위한 위대한 노력을 실천하기 위해서는 두뇌에 위대한 세포가 만들어져야 가능한 것이기 때문이다.

사람은 망각의 동물이다. 사람이 과거의 기억을 망각하

위대하라

지 않고 모두 기억하면서 산다면 괴로워서 살 수가 없다고 한다. 그래서 망각을 신의 축복이라고도 한다. 인간은 망각의 동물이기 때문에 위대한 결심도 자꾸 잊어버리게 되는 것이다. 위대한 노력을 하면 위대한 사람이 될 수 있지만 위대한 결심을 망각하기 때문에 실천하지 못하게 된다. 결국 위대한 결심이 내재화되어야 위대한 노력을 할 수 있게 된다는 것이다.

위대한 결심을 하는 방법

위대한 결심은 어떻게 해야 할까? 어떤 과정을 거쳐야 위대한 사람이 될 수 있을까? 위대한 결심을 망각하지 않고 오랫동안 지속하려면 어떻게 해야 할까?

나는 위대한 사람이다.

위대한 결심의 핵심은 '나는 위대한 사람이다'라고 쓰고 말하고 상상하는 것이다.

위대한 결심을 내재화하기 위한 구체적인 방법은 3가지가 있다. 쓰기와 말하기, 상상하기이다. 위대한 결심인 '나는 위대한 사람이다'라는 문구를 매일 10번씩 쓰고 100번씩 외치고 이미 위대한 사람이 된 것처럼 매일 30분 이상 상상을 하면 된다.

위대한 결심을 실천할 때는 간절한 마음으로 해야 한다. 위대한 결심을 하루에 10번씩 쓰고 100번씩 말하고 이미 위대한 사람이 된 것처럼 30분씩 상상을 할 때는 반드시 위대한 사람이 되겠다는 강한 신념을 가지고 간절하게 해야 한다. 하늘을 움직일 수 있는 간절한 마음을 담아서 해야 한다.

신념을 가지고 간절한 마음으로 위대한 결심을 실천할 때 하늘이 감동하게 될 것이다. 하늘이 감동하고 하늘이 움직이면 위대한 결심이 나를 이끌어 결국 위대한 사람이 될 것이다.

위대한 결심은 자신을 위대한 사람으로 인정하는 것이

위대하라

다. 두뇌가 자신을 위대한 사람으로 받아들이도록 하는 것이다. 현실의 나와는 상관없이 두뇌가 나를 위대한 사람으로 받아들이면 위대한 생각과 위대한 행동을 하는 사람이 되는 것이다.

위대한 결심에서 중요한 것은 현재형으로 하는 것이다. 인지심리학자들에 의하면 사람의 두뇌는 인칭과 시제를 구분하지 못한다고 한다. 두뇌가 인칭과 시제를 구분하지 못하기 때문에 내가 이미 위대한 사람이 된 것처럼 쓰고 말하고 상상하면 두뇌가 나를 위대한 사람으로 받아들이게 된다는 것이다. 위대한 결심으로 두뇌가 나를 위대한 사람으로 받아들이면 위대한 생각을 하게 되고, 위대한 생각이 위대한 실천을 이끌어 내어 결국 위대한 사람이 된다는 것이다.

'쥬라기공원'이라는 영화를 만들어 세계적인 감독이 된 스티븐 스필버그(Steven Spielberg) 감독은 꿈과 비전에 취해서 살았다고 한다. 그래서 아침마다 가슴이 떨리고 벅차올라서 아침밥을 제대로 먹을 수가 없었다고 한다.

위대한 결심은 스티븐 스필버그 감독처럼 가슴이 떨리고 벅차오를 때까지 해야 한다. 간절한 마음을 담아서 가슴이 떨리고 벅차올라서 밥도 제대로 먹을 수 없을 정도로 위대한 결심에 취해 살아야 한다. 그러면 위대한 결심이 위대한 생각과 위대한 행동을 하도록 만들어 줄 것이다.

위대한 노력은 인간의 한계를 극복하는 것이다. 그러나 인간의 한계를 극복하는 노력을 할 수 있는 사람은 아무도 없다. 인간의 한계를 극복하는 것은 자신의 한계를 극복하는 것이지만 사람은 누구나 자신의 한계를 극복하지 못하고 좌절하면서 살아간다.

정말 큰 결심을 했지만 얼마 못가서 포기하는 경우도 많다. 어떤 때는 목숨을 걸고 결심하기도 하고 삭발을 하기도 하지만 작심삼일에 그치는 경우가 많다. 때로는 목숨을 걸고 맹세를 하고 그 맹세를 이루기 위해서 열심히 노력하지만 중도에 포기하는 경우가 많다. 목숨을 건 맹세를 중간에 포기하는 이유는 자신의 두뇌가 맹세를 실천할 수 있는 사람으로 받아들이지 못했기 때문이다. 두뇌가 나를 보

위대하라

통 사람으로 받아들이기 때문에 위대한 결심을 실천하지 못하는 것이다.

사람의 두뇌는 익숙한 것을 좋아한다. 익숙한 것은 좋아하지만 새로운 것을 받아들이는 것은 싫어한다. 결국 위대한 결심과 위대한 노력을 포기하지 않고 해내려면 두뇌가 먼저 위대한 두뇌로 변해야 한다.

인간의 한계를 극복하는 위대한 노력은 쉽지 않지만 두뇌가 나를 위대한 사람으로 받아들이면 가능하게 된다. 사람으로는 도저히 불가능할 것 같은 위대한 노력을 하게 된다. 하루에 3~4시간씩 자면서 18시간 이상을 자신의 일에 몰입할 수 있게 된다. 이런 힘은 두뇌가 자신을 위대한 사람으로 받아들일 때 가능하다. 위대한 결심이 내재화되어 자신을 위대한 사람이라고 받아들이면 위대한 노력을 실천할 수 있게 되는 것이다.

미국의 예일대에서 재학생들을 대상으로 꿈에 대해서 조사했더니 꿈이 없는 사람은 67%였고 꿈이 있는 사람은 30%, 꿈을 종이에 적은 사람은 3%였다고 한다. 20년 후에 그 조사에 참여했던 학생들을 다시 조사했더니 놀랍게도 꿈을 적은 3%의 졸업생들의 재산이 꿈을 적지 않은 97%의 졸업생들의 재산을 전부 합한 것보다 더 많았다고 한다.

꿈을 적은 사람과 적지 않은 사람의 차이를 말해 주는 것이다. 꿈을 적으면 꿈이 구체화된다. 위대한 결심도 써야 한다. 위대한 결심을 쓰면 위대한 결심도 구체화된다. 두뇌가 나를 위대한 사람으로 받아들일 때까지 위대한 결심을 쓰면 된다. 두뇌가 자신을 위대한 사람으로 받아들이면 위대한 노력을 하게 되고 결국 위대한 사람이 되는 것이다.

위대한 결심은 이미 위대한 사람이 된 것처럼 말하고 행동하는 것이다. 이미 위대한 사람이 된 것처럼 말하고 행동하는 것은 쉽지 않다. 나의 두뇌로 이해가 되어야 행동에 옮기게 되는 것이 인간의 속성이기 때문이다.

헨리 포드(Henry Ford)는 "당신이 할 수 있다고 생각하든지 할 수 없다고 생각하든지 당신은 항상 옳습니다"라고 말했다. 나는 이 말을 이렇게 바꾸어 말하고 싶다. "당신이

위대하라

위대한 결심을 믿든지 안 믿든지 당신은 항상 옳습니다."

위대한 결심을 한다고 해서 진짜 위대한 사람이 되겠느냐고 반문하면서 위대한 결심을 무시하는 사람도 있을 것이다. 반대로 위대한 결심을 실천하면 반드시 위대한 사람이 될 것이라고 믿고 실천하는 사람도 있을 것이다. 그러나 위대한 결심을 실천하고 안 하고는 당신의 자유지만, 10년 후에는 완전히 다른 삶을 살게 될 것이다.

위대한 결심을 시작하라!

나는 10년 전에 우연한 기회에 위대한 결심을 시작하게 되었다. 처음에 위대한 결심을 시작했을 때는 나도 모르게 웃음이 났다. '나는 위대한 사람이다'라고 써 놓고 혼자서 막 웃었던 기억이 난다.

나는 전혀 위대한 사람이 아닌 것 같은데 위대한 결심을 써 놓고 보니 웃음이 났던 것이다. 그래서 '나는 위대한 사람이다'라고 써놓고는 한참을 웃었다. 위대한 사람과 현실의 나와의 차이가 하도 크기 때문에 웃음이 났던 것 같다. 그러나 위대한 결심을 1년 정도 쓴 후부터 변화가 일어나기 시작했다. 1년 동안 꾸준히 위대한 결심을 쓰면서 나는 위대한 사람이 되었다.

현실의 나는 크게 변한 것이 없었지만 마음으로는 이미 위대한 사람이 된 것이다. 현실의 나는 큰 변화가 없었지만 두뇌에는 위대한 세포가 만들어진 것이다. 1년 동안의 위대한 결심이 나를 완전히 다른 사람으로 만들어 준 것이다. 위대한 결심을 1년 동안 쓰면서 현실의 나를 극복하고 마음으로 위대한 사람이 된 것이다.

나는 마음으로 위대한 사람이 되었기 때문에 위대한 변화를 시도했다. 현실의 나를 뛰어넘어 위대한 사람이 되는 길을 찾기 시작했다. 위대한 사람이 되기 위한 방법을 찾기 시작한지 1년 정도 지나서 나는 위대한 사람이 되는 방법을 찾았다.

위대한 사람이 되는 방법은 '독서'였다. 평범한 나를 뛰어넘어 위대한 사람이 되려면 생각의 혁명이 일어나야 한

위대하라

다. 독서는 생각의 혁명을 이끌 수 있는 가장 좋은 무기이다. 독서는 평범한 생각을 위대한 생각으로 바꿔주는 가장 좋은 무기이다. 그래서 위대한 사람이 되기 위하여 독서에 모든 것을 걸고 3년 동안 천 권의 책을 읽어냈다.

위대한 결심을 쓴지 5년이 지나고 나서부터는 강연을 하는 사람이 되었다. 5년이 지나자 강연 요청이 들어오기 시작했고 전국을 다니면서 인문학과 독서법에 대한 강연을 하는 사람이 되었다. 지금은 상당히 인지도가 있고 유명세를 치르는 멋진 강사가 되었다.

위대한 결심을 쓴지 7년이 지나서는 '위대한 독서의 힘'이라는 책을 집필한 작가가 되었다. '위대한 독서의 힘'을 읽은 사람들은 대부분 독서법에서 최고의 책이라고 찬사를 보내 주고 있다. 위대한 결심을 쓰고 난 후에 인생이 완전히 달라진 것이다.

위대한 결심을 시작하라!
그대의 미래와 대한민국의 미래를 위해서…

PART
4

위대한 공부로
위대하라

01
공부는 하늘의 축복이다

공부가 쉬울까? 공부가 할 만한 것일까? 공부는 절대로 쉽지 않다. 공부를 하는 것은 어떤 사람에게는 세상에서 가장 힘든 일이 될 수도 있다.

"공부가 가장 쉬웠어요"라고 말한 사람이 있다. 공부가 정말로 가장 쉬운 것이었을까? 공부가 정말로 가장 쉬워서 쉽다고 말했을까? 공부는 절대로 쉽지 않다. 물론 어떤 사람에게는 공부가 가장 쉬운 것이 될 수도 있다. 그러나 공부는 결코 만만한 것이 아니다.

위대하라

공부를 하면 누구나 더 나은 삶을 살 수 있다는 것을 알고 있다. 공부를 하면 사고의 폭이 넓어져서 더 나은 인간관계를 맺을 수 있고 더 많은 성과를 거둘 수 있다는 것을 알고 있다.

공부를 하면 좋다는 것을 알지만 공부를 시작하는 것은 어렵다. 공부를 시작했어도 중간에 멈추거나 포기하지 않고 지속하는 것은 정말 어렵다. 공부가 쉽다면 이 세상에 실패자로 살아가는 사람은 한 명도 없을 것이다. 모두가 공부해서 더 나은 삶과 더 나은 인간관계와 더 나은 성과를 올릴 수 있기 때문이다.

공부는 아무나 할 수 있는 일이 절대로 아니다. 그래서 공부하는 사람은 하늘의 축복을 받은 사람이다. 공부는 하늘의 축복을 받은 사람에게만 특별하게 허락된 것이다. 특히 나이를 먹고 만학(晚學)으로 공부하는 것은 엄청난 하늘의 축복을 받은 것이다.

01
·
공부는 하늘의 축복이다

진짜 공부는 무엇일까?

우리는 평생 동안 공부를 해야 한다. 그런데 우리가 평생 동안 해야 하는 진짜 공부는 무엇일까?

우리가 맹목적으로 공부해서는 최상의 결과를 얻을 수가 없다. 공부의 이유와 목적을 명확히 설정해도 어려운 것이 공부이다. 따라서 우리가 공부를 해야 하는 이유와 목적과 방향을 분명하게 알아야 한다. 진짜 공부는 사람 공부이다. 우리가 공부를 하는 모든 이유와 목적은 사람을 알기 위해서 해야 하는 것이다. 사람을 알고 사람다운 사람이 되기 위해서 공부를 해야 하는 것이다.

우리가 해야 하는 공부의 종류는 다양하다. 국어, 영어, 수학, 사회, 과학 같은 다양한 공부가 있다. 그러나 이런 공부는 사람 공부를 하기 위한 하나의 과정일 뿐이다. 진짜 공부는 사람이 되는 것이다. 물론 국어, 영어, 수학, 사회, 과학 같은 다양한 공부도 열심히 해야 한다. 그러나 우리는 공부의 본질에 충실해야 한다. 사람 공부를 최우선

위대하라

순위에 두고 다양한 공부를 병행해야 한다.

대한민국의 가정과 학교와 사회에서 공부의 본질을 회복하는 운동이 일어나야 한다. 대한민국의 모든 가정과 학교와 사회에서 공부의 본질을 회복하게 되면 대한민국은 위대한 나라가 될 것이라고 확신한다.

사람이란 무엇일까?

진짜 공부가 사람을 공부하는 것이라면 사람이란 무엇일까? 진짜 공부를 위해서는 사람이 무엇인지를 아는 것이 선행되어야 한다.

사람이란 순수한 우리말이다. 사람을 한자로는 인간(人間)이라고 한다. 인간은 사람 인(人)과 사이 간(間)자로 구성되어 있다. 사람이란 어떤 사이에 있는 존재라는 것이다. 사람은 어떤 사이에 있는 존재일까?

니체(Nietzsche)는 "인간은 짐승과 초인(超人) 사이에 놓인 하나의 밧줄, 심연 위에 놓인 하나의 밧줄이다"라고 말했다.

니체는 사람은 초인과 짐승 사이에 있는 존재라고 말했다.

니체가 사람을 초인과 짐승 사이에 있는 존재라고 표현한 것은 사람은 초인이 될 수도 있고 짐승이 될 수도 있다는 것이다. 니체가 말하는 초인은 인간의 한계를 극복한 사람을 말한다. 인간은 기본적으로 이기적인 본성을 가지고 있다. 그래서 인간은 자기중심적으로 살아가는 것이다. 초인이 된다는 것은 자신을 극복하고 자기중심적인 삶에서 타인중심의 삶으로 변하는 것을 말한다.

니체는 인간의 한계를 극복한 사람을 초인이라고 말하고 있다. 니체는 인간의 한계를 극복한 사람다운 사람을 초인이라고 표현하고 있는 것이다. 니체는 사람다운 사람을 초인이라고 표현하지만 동양고전에서는 군자(君子)라고 표현한다. 그러면 군자란 무엇일까?

동양고전에서 말하는 군자는 "첫째, 학식과 덕행이 높은 사람 둘째, 높은 관직에 있는 사람 셋째, 지덕(知德)을 수양하는 사람 넷째, 소인의 반대개념으로 유교사회에서 말하는 이상적인 인간상이다"라고 되어 있다. 동양고전에서

위대하라

말하는 군자는 최고의 실력과 최고의 인격을 갖춘 이상적인 사람을 말하는 것이다.

군자라는 표현에는 성인이라는 말이 붙는다. 성인군자(聖人君子)라는 것이다. 성인(聖人)은 거룩할 성(聖)에 사람 인(人)자이다. 성인군자라는 것은 거룩한 사람이 되었다는 것이다. 거룩한 사람은 신과 같은 사람이다. 신은 인간의 한계가 없는 완선한 존재다.

니체가 말한 초인의 개념과 군자의 개념은 같은 말이다. 니체의 초인사상과 동양고전의 군자사상을 통해서 본다면 사람다운 사람은 인간의 한계를 극복한 완전한 인간상을 말하는 것이다. 사람 공부를 통해서 사람을 알고 사람다운 사람이 되는 것은 초인과 군자처럼 되는 것이다.

사람은 초인과 짐승 사이에 있는 존재이기 때문에 사람다운 사람이 되지 못하면 짐승처럼 될 수 있다. 그래서 사람답지 못한 사람을 짐승이라고 하는 것이다. 내가 사람다운 사람이 되지 못하면 짐승처럼 살아갈 수밖에 없는 것이다. 우리는 짐승 같은 모습을 벗고 사람다움을 회복해 가야 한다. 그리고 사람다운 사람이 되기 위해서는 사람을 공부해야 한다. 사람을 알고 이해할 수 있을 때 사람다운 사람이 될 수 있기 때문이다. 진짜 공부인 사람 공부를 통해서 사람을 알고 사람을 이해하게 되면 사람다운 사람이 될 수 있다. 대한민국에 사람다운 사람이 많아지면 위대한 나라가 될 것이다.

사람다운 사람은 사랑하는 사람이다

사람다운 사람은 초인과 군자 같은 사람이 되는 것이다. 초인과 군자 같은 사람은 어떤 사람일까? 초인과 군자는 인간의 한계를 극복한 사랑하는 사람이다. 사람은 누구나 자기중심적으로 살아간다. 다른 말로 하면 이기적이라는 것이다. 사람은 인간의 한계를 갖고 있기 때문에 자기중심적으로 살아가는 것은 지극히 자연스러운 것이다.

"팔은 안으로 굽는다"는 말이 있다. 팔이 안으로 굽는다는 것은 나를 보호한다는 것이고 나를 중심으로 살아간다

위대하라

는 것이다. 따라서 사람이 이기적으로 살아가는 것은 아주 자연스러운 것이다.

초인과 군자는 인간의 한계를 극복한 사람이다. 인간의 한계인 이기심을 극복하고 이타적(利他的)인 사람이 된 것이다. 이타적인 사람이 되었다는 것은 사랑하는 사람이 되었다는 것이다. 사랑하는 사람은 자신을 넘어 다른 사람을 위해서 사는 사람이다. 사람은 누구나 자신을 위해서 살아간다. 자신을 위해서 살아가는 것은 지극히 정상적인 것이다. 그러나 사랑하는 사람이 된다는 것은 비정상적인 사람이 되는 것이다. 자신을 넘어 다른 사람을 위해서 산다는 것은 너무나 비정상적인 것이다. 그러나 인간의 한계를 극복한 초인과 군자 같은 사람은 비정상적인 것을 마치 정상적인 것처럼 여기며 살아가는 사람이다.

하늘의 축복은 사람다운 사람에게

초인과 군자 같은 사람다운 사람이 되어서 사랑하는 삶을 살게 되면 어떤 일이 벌어질까? 사람다운 사람이 되어서 사랑하는 삶을 살게 되면 하늘의 축복을 받는다.

명심보감(明心寶鑑)에 "작은 부자는 근면함에 달려 있고 큰 부자는 하늘에 달려 있다"라는 말이 있다. 작은 부자는 사람의 노력으로 얼마든지 가능한 것이지만 큰 부자는 사람의 노력만으로는 불가능하다는 말이다. 작은 부자가 되기 위해서는 한눈팔지 않고 열심히 노력하면 될 수 있지만 큰 부자는 아무리 열심히 노력해도 쉽게 될 수 없다는 것이다. 작은 성공은 자신의 노력으로 이룰 수 있지만 큰 성공은 하늘이 도와주어야 한다는 것이다.

작은 성공은 사람의 힘만으로도 얼마든지 가능한 것이지만 큰 성공은 사람의 힘만으로는 불가능하다는 것이다. 큰 성공을 거두기 위해서는 반드시 하늘의 도움이 필요하다.

하늘은 어떤 사람을 축복해 주겠는가? 그대가 하늘이라면 어떤 사람을 축복해주겠는가? 하늘은 사람을 차별하지 않는다. 하늘은 사람을 차별하지 않고 모든 사람을 사랑한다. 모든 사람이 하늘의 사랑을 받을 수 있지만 축복만은

위대하라

예외이다. 축복은 하늘의 선택을 받아야 가능한 것이다. 하늘은 사랑하는 사람에게 하늘의 축복을 허락한다는 것이다.

사람 공부를 열심히 하는 사람은 미래를 두려워하거나 걱정하지 말아야 한다. 사람 공부를 하는 사람은 하늘이 반드시 축복해 주기 때문이다. 지금 사람 공부를 열심히 하고 있는가? 그러면 아무 걱정하지 않아도 된다. 공부하는 사람은 반드시 하늘의 축복을 받을 수 있기 때문이다.

지금까지 하늘의 축복을 받지 못했는가? 더 열심히 공부하라. 그러면 하늘의 축복이 그대에게 폭포수처럼 쏟아질 것이다. 사람다운 사람이 되어서 이미 하늘의 축복을 받았는가? 겸손한 마음으로 홍익인간의 정신을 실천하라. 그러면 더 많은 하늘의 축복이 쏟아질 것이다.

지금부터 진짜 공부를 시작하라!
하늘의 축복이 폭포수처럼 쏟아질 것이다!

02
공부의 최대의 적은 교만이다

우리는 평생교육시대에서 살고 있다. 우리의 삶의 질을 높이기 위해서는 평생 동안 공부를 하면서 살아야 하는 시대에서 살고 있다는 것이다. 우리가 평생 동안 공부를 하면서 가장 경계해야 하는 것은 '교만'이다. 교만하면 배울 수가 없기 때문이다. 교만하면 아무리 열심히 공부해도 많은 효과를 볼 수 없다.

교만이란 무엇일까? 교만이 무엇이기에 공부의 최대의 적인 것일까? 교만의 사전적인 의미는 '스스로 잘난 체하

위대하라

며 겸손하거나 온유함이 없이 건방지고 방자함을 이르는 말'이라고 되어 있다. 교만의 사전적인 의미를 살펴보면 스스로 다 안다고 생각하여 잘난 체를 한다는 것이다. 잘난 체가 도를 넘으면 건방지고 방자하게 되어 사람을 존중하지 못하고 무시하는 사람이 된다는 것이다.

교만의 가장 큰 핵심은 스스로 잘난 체를 한다는 것이다. 스스로 잘난 체를 한다는 것은 스스로가 많이 안다고 생각하는 것이다. 자신이 가장 많이 안다고 생각하는 것이다. 자신이 가장 많이 안다고 생각하는 사람이 배울 수 있을까? 설령 배운다고 해도 얼마나 배울 수 있겠는가? 교만하면 절대로 배울 수 없다.

교만하면 배울 수도 없고 인생도 안 풀리게 된다. 성경에는 "교만은 패망의 선봉이요 넘어짐의 앞잡이"(잠 16:18)라는 말이 있다. 스스로 잘난 체를 하고 사람들에게 무례하게 굴 정도로 교만해지면 삶의 어려움에 직면할 수밖에 없다.

교만해지면 배울 수 없으니 실력이 떨어지게 된다. 실

력이 없는 사람은 승진을 하거나 이직하기도 어렵게 된다. 교만해져서 사람을 무시하게 되면 어떤 사람과도 가까이 하기가 어렵다. 그러면 최악의 인간관계를 맺을 수밖에 없게 되는 것이다.

사람의 삶의 만족도는 일과 사람에게서 나오는 것이다. 교만해져서 직장 생활이 어려워지고 인간관계가 어려워지게 되면 최악의 상황을 맞이하게 된다. 삶의 만족도가 최악이 된다는 것이다. 따라서 배우는 사람이 가장 경계를 해야 할 것은 교만이다.

교만하게 되는 이유

교만하면 배울 수 없게 되고 삶의 만족도가 최악으로 내려가게 된다. 그래서 많은 사람들이 교만을 경계한다. 그러나 교만을 경계하지만 자기도 모르게 교만해지는 경우도 많이 있다. 따라서 우리는 교만의 실체를 파악하고 교만해지지 않도록 주의를 해야 한다.

위대하라

교만은 왜 일어나게 되는가? "지식은 사람을 교만하게 만들고 사랑은 사람을 겸손하게 만든다"는 말이 있다. 사람을 교만하게 만드는 것은 지식이고 사람을 겸손하게 만드는 것은 사랑이라는 것이다.

사람을 교만하게 만드는 것은 지식이다. 지식이 사람을 교만하게 만드는 이유는 무엇일까? 사람이 지식을 갖게 되어 교만해지는 것은 한 단계 더 성장하기 때문이다. 지식에는 에너지가 들어 있어서 지식이 많아지면 에너지가 강해져 한 단계 더 성장하게 되는 것이다.

지식을 얻는 대표적인 방법이 독서인데 독서는 '마음의 양식'이다. 독서가 마음의 양식이라고 하는 것은 독서를 하게 되면 마음이 강하게 된다는 것이다. 지식은 독서를 통해서 가장 많이 얻을 수 있다. 그래서 독서를 통해서 지식이 많아지면 마음의 힘이 강해지고 한 단계 더 성장할 수 있다.

사람이 한 단계 더 성장하게 되면 자신이 최고라는 의식이 생긴다. 그리고 자신이 최고라는 의식이 생기게 되면 교만해지는 것이다. 한 단계 더 성장한다는 것은 마음 에너지가 더 커진다는 것이고 자신의 한계를 극복한다는 것이다.

자신의 마음의 힘이 한 단계 더 커지면 엄청난 힘을 갖게 되는 것으로 착각을 하게 된다. 사실은 한 단계 더 큰 힘을 가졌을 뿐인데도 말이다.

한 단계 더 성장한다는 것은 자신의 한계를 뛰어넘는 것이다. 사람은 누구나 자신의 한계에 갇혀서 살아간다. 자신의 한계에 갇혀서 살다가 자신의 한계를 뛰어넘게 되면 세상을 다 얻은 것 같은 기분이 든다.

한 단계 더 큰 힘을 갖게 되면 엄청난 힘을 갖게 된 것이라고 착각하는 것과 자신의 한계를 뛰어넘으면 세상을 다 얻은 것 같은 기분이 드는 것은 지극히 정상적인 것이다. 사람은 누구나 자신이 가진 마음의 힘이 가장 뛰어나다고 생각하고 자신의 단계가 가장 높은 단계라고 생각하기 때문이다.

50대가 볼 때 20대는 얼마 살지 않은 것처럼 보이지만 20대들에게는 20대의 삶이 최고인 것처럼 느껴지는 것이

위대하라

다. 20대는 20대 이상은 살아 보지 않았고 20대까지만 살았기 때문이다. 자신의 나이가 최고로 많은 나이라고 생각하기 때문이다.

우리가 한 단계 더 큰 힘을 갖게 되면 엄청난 힘을 갖게 된 것이라고 착각하는 것과 자신의 한계를 뛰어넘으면 세상을 다 얻은 것 같은 기분이 드는 것은 자신의 생각과 경험의 한계에서 나오는 것이다.

교만해지는 것은 지극히 정상적인 것이다. 그러나 우리가 교만하면 아무것도 배울 수가 없다. 따라서 자신이 최고의 힘을 가졌고 세상을 다 얻은 것 같은 생각이 들어도 겸손하게 자신을 돌아봐야 한다.

사람을 겸손하게 만드는 위대한 사랑의 힘

우리가 많은 것을 배우면서 살기 위해서는 교만을 벗고 겸손해져야 한다. 그러면 어떻게 하면 겸손해질 수 있을까?

"지식은 사람을 교만하게 만들고 사랑은 사람을 겸손하게 만든다"는 말에서 정답을 찾아야 한다.

우리가 겸손하기 위해서는 사랑하는 사람이 되어야 한다. 교만한 사람은 사람을 무시하고 존중하지 않는다. 그러나 사랑하는 사람은 사람을 존중하고 무시하지 않는다. 그래서 공부하는 사람과 사랑하는 사람이 하늘의 축복을 받는 것이다.

사랑하는 사람이 되려면 어떻게 해야 할까? 사랑하는 사람이 되기 위해서는 모든 사람을 사랑의 눈으로 보아야 한다. 모든 사람을 사랑의 눈으로 보기 시작하면 모든 사람이 사랑스럽게 보인다. 물론 처음부터 모든 사람을 사랑의 눈으로 바라보는 것은 결코 쉽지 않다. 그러나 우리가 사랑하는 마음을 가지면 가능하다. 우리가 사랑하는 마음을 가지고 사람을 바라보기 시작하면 결국 사랑스럽게 보이는 것이다.

우리가 어떤 정신으로 살아가느냐는 정말 중요하다. 우리의 정신이 살아 있어야 한다. 우리의 정신이 살아 있다는

위대하라

것은 모든 사람을 사랑하는 마음으로 살아가는 것이다. 사랑은 나를 넘어 다른 사람을 위해서 사는 것이다. 사랑은 자기중심적인 삶에서 타인중심적인 삶으로 전환하는 것이다. 그래서 사랑은 홍익인간의 정신을 실천하는 것이다.

홍익인간의 위대한 꿈을 꾸고 모든 사람을 이롭게 하는 삶을 살기 위해서 노력하면 모든 사람을 사랑하는 마음으로 살아갈 수 있다. 모든 사람을 사랑하는 마음으로 대하려고 노력하다 보면 결국 모든 사람이 사랑스럽게 느껴지는 것이다.

사람을 겸손하게 만드는 위대한 감사의 힘

모든 사람이 사랑스럽게 느껴지면 감사하는 사람이 될 수 있다. 겸손한 사람의 특징은 감사하는 사람이다. 매사에 감사하는 마음으로 살아갈 수만 있다면 정말 많은 것을 배울 수 있기 때문이다.

감사하는 삶을 사는 것도 억지로는 할 수 없다. 그러나 모든 사람이 사랑스럽게 느껴지면 모든 일과 모든 사람에게 감사하며 살 수 있게 된다. 감사하는 사람이 되면 겸손하게 배우면서 살 수 있다. 겸손과 감사는 하나이기에 겸손한 사람이 감사할 수 있고, 감사하는 사람이 겸손할 수 있다.

지금보다 더 나은 삶을 위하여 우리는 하늘이 부르시는 날까지 열심히 공부해야 한다. 우리가 공부를 하려면 교만을 버리고 겸손해야 한다. 공부를 시작하고 지식이 쌓이면 누구나 교만해질 수 있다. 어쩌면 교만해지는 것은 지극히 자연스러운 현상이다. 그러나 교만하면 배울 수 없기에 교만을 방치하면 안 된다. 지식이 쌓이면 교만하게 되지만 사랑하고 감사하면 겸손하게 된다.

공부하는 사람은 하늘의 축복을 받은 사람이다. 그러나 하늘의 축복을 가로막는 것은 교만이다. 교만하면 공부할 수도 없고 배울 수도 없기 때문이다. 교만은 배움의 가장 큰 적이다. 따라서 교만을 내려놓고 겸손하게 공부하기 위해서 사랑하고 감사하면서 살아가야 한다. 사랑하고 감사

위대하라

하면서 살아가면 교만은 없어지고 겸손만 가득하게 될 것이다.

그대도 교만을 내려놓고 겸손하게 공부해야 한다. 그러면 그대의 삶에도 반드시 봄날이 올 것이다. 그대의 삶에 반드시 꽃이 필 것이다.

03
책과 사람과 자연현상으로 공부하라

공부하는 사람은 하늘의 축복을 받은 사람이고 우리는 더 나은 삶을 위하여 평생 동안 공부를 해야 한다. 그렇다면 무엇으로 공부를 해야 할까? "공부하는 사람에게는 만물이 스승이다"라는 말이 있다. 우리가 공부하려고 마음만 먹으면 세상 모든 것이 스승이 아닌 것이 없다는 것이다. 세상 모든 것이 나의 스승이 될 수 있다는 것이다.

공부하는 사람은 모든 것을 유심히 보고 공부하지 않는 사람은 모든 것을 무심히 본다. 그래서 공부하는 사람은

위대하라

모든 것에서 배울 수 있고 공부하지 않는 사람은 아무것도 배울 수 없는 것이다.

모든 것을 유심히 보는 것과 무심히 보는 것에는 엄청난 차이가 있다. '눈뜬장님'이라는 말이 있다. 눈을 뜨고 있지만 아무것도 보지 못하고 살아간다는 말이다. 공부하기 전에는 나도 '눈뜬장님'으로 살았다. 나는 공부를 시작하고 눈을 뜨게 되었다. 눈을 뜨게 되었다는 것은 세상을 무심히 보던 것에서 유심히 보는 것으로 관점이 바뀌었다는 것이다. 모든 것을 보는 관점이 바뀌자 나의 시야가 완전히 바뀌게 되었다. 그리고 엄청난 속도로 성장을 하게 되었다. 내 눈 앞에 펼쳐지는 모든 것을 통해서 공부하기 시작하자 폭풍성장을 경험하게 된 것이다.

지금부터는 '눈뜬장님'의 삶에서 벗어나 '만물을 스승'으로 여기고 살아가야 한다. 그러면 그대도 엄청난 변화와 성장을 경험하게 될 것이다. 우리에게는 세상의 모든 것이 스승이지만 대표적으로 책과 사람과 자연현상을 꼽을 수 있다.

책을 통해 공부하라

위대한 공부는 위대한 사람이 되는 길이다. 위대한 공부는 사람다운 사람이 되는 길이다. 위대한 공부를 하고 사람다운 사람이 되면 존경받는 삶을 살 수 있다. 존경받는 삶을 사는 것이 가장 위대한 삶이다.

사람다운 사람이 되기 위해서는 사람을 알아야 한다. 그리고 사람을 알기 위해서는 많은 사람을 만나서 대화를 하는 것이 가장 좋은 방법이다. 그러나 우리에게는 시간적인 제한과 공간적인 제한이 있다. 그래서 내가 만나고 싶은 사람을 모두 다 만날 수가 없다.

우리에게는 시간적인 제한과 공간적인 제한이 있기 때문에 책을 통해서 사람을 공부하는 것이 가장 좋은 대안이 될 수 있다.

독서는 저자와의 대화이다

데카르트(Descartes)는 "좋은 책을 읽는다는 것은 과거의 가장 훌륭한 사람들과 대화를 하는 것이다"라고 하였다. 우리가 현실적으로는 역사적 인물이나 유명한 사람들을 만나는 것이 어렵지만 책을 통해서는 얼마든지 가능하다고 말하고 있는 것이다.

독서는 저자와의 대화이다. 책을 읽는 것은 저자를 만나서 대화를 나누는 것과 똑같은 효과를 얻을 수 있다. 사람을 직접 만나 대화를 나누는 것으로도 많은 것을 배울 수 있겠지만 책을 통해서는 더 많은 것을 배울 수가 있다. 꼭 사람을 직접 만나서 대화를 해야만 배울 수 있는 것은 아니다. 책을 통한 저자와의 만남을 통해서도 얼마든지 배울 수 있다. 어쩌면 책을 통해서 더 많은 것을 배울 수도 있다.

사람을 만나서 대화를 하는 것은 반복이 어렵지만 책을 통한 저자와의 대화는 얼마든지 반복이 가능하기 때문이다. 사람을 만나서 대화를 할 때는 사색을 병행하는 것이

어렵지만 책을 읽을 때는 얼마든지 사색이 가능하기 때문에 책을 통해서 더 많은 것을 배울 수 있는 것이다.

한 권의 책에는 30년의 지혜가 들어 있다

한 권의 책에는 30년의 지혜가 들어 있다고 한다. 한 권의 책에는 작가의 30년 정도의 학문과 삶의 경험이 들어 있다고 한다. 한 권의 책을 쓰기 위해서는 30년 정도는 공부하고 경험을 해야 좋은 책을 쓸 수 있다는 것이다.

한 권의 책에는 30년의 지혜가 들어 있지만 10권의 책에는 300년의 지혜가 들어 있고 100권의 책에는 3,000년, 1,000권의 책에는 30,000년의 지혜가 들어 있다는 것이다.

한 권의 책에 정말 어마어마한 삶의 지혜가 들어 있는 것이다. 우리의 삶의 경험으로는 100년의 지혜를 얻을 수 있지만 책을 통해서는 무한대의 지혜를 얻을 수 있다는 것이다. 우리가 공부를 할 수 있는 가장 좋은 것은 책이다.

위대하라

사람을 통해 공부하라

우리는 사람을 통해서도 많은 것을 배울 수 있다. 내가 만나는 모든 사람들에게서 많은 것을 배울 수 있고, 나를 스쳐가는 모든 사람들에게서도 많은 것을 배울 수가 있다.

논어에 '삼인행필유아사(三人行必有我師)'라는 말이 있다. 세 사람이 길을 가면 그중에 반드시 나의 스승이 있다는 말이다. 우리가 배우려고 마음만 먹으면 어떤 사람에게라도 배울 수 있다. 배우려는 마음이 있으면 어린아이에게도 배울 수 있고 나보다 나이가 어리거나 학식이 부족한 사람에게도 얼마든지 배울 수 있는 것이다.

'반면교사(反面教師)'라는 말이 있다. 즉, 다른 사람이나 사물의 부정적인 측면에서 가르침을 얻는다는 뜻이다. 나보다 학식이 높거나 나이가 많은 사람에게만 배울 수 있는 것이 아니다. 나보다 나이가 어리고 학식이 높지 않아도 '반면교사'의 지혜로 배우면 많은 것을 배울 수 있는 것이다.

책은 거울이다는 말이 있다. 그러나 책만 거울이 아니

다. 모든 것이 거울이다. 따라서 사람도 거울이 될 수 있다. 사람이라는 거울을 통해서 나를 보는 것이다. 다른 사람의 장점을 보면서 나의 장점으로 삼으면 되고, 다른 사람의 단점을 보면서 '타산지석(他山之石)'으로 삼으면 되는 것이다. 그러면 우리는 사람을 통해서 엄청난 것을 배울 수 있다.

나와 만나거나 나를 스쳐가는 사람들은 엄청난 힘을 가지고 있다. 오늘 내가 만나는 사람은 현재의 모습이 다가 아니라 그가 살아온 모든 인생을 걸쳐서 얻은 지혜를 가지고 만나는 것이기 때문이다.

우리가 배우려고만 하면 우리는 한 사람에게서도 정말 많은 것을 배울 수 있다. 겸손하게 모든 사람을 스승으로 삼고 배우려는 자세로 살아가면 엄청난 지혜자가 될 수 있다.

자연현상을 통해 공부하라

자연현상을 통해서 공부하라는 것은 눈앞에 펼쳐지는 모

든 것을 스승으로 삼으라는 것이다. 자연현상을 스승으로 삼고 세상을 무심히 보지 말고 유심히 보라는 것이다.

눈앞에서 펼쳐지는 모든 것들이 아무런 의미가 없이 발생하는 것 같지만 사실은 하늘이 나에게 공부하라고 주신 기회일 수도 있다. 그러나 하늘이 자연현상을 통해서 나를 가르치고 싶지만 내가 무심히 흘려보내면 어쩔 수 없는 것이다.

자연현상을 보고 배움의 기회로 삼으려면 어떻게 해야 할까? 지금까지는 자연현상을 보고 무심히 지나쳤다면 앞으로는 유심히 보고 배움의 기회로 삼아야 한다. 자연현상을 유심히 보고 사색으로 연결해 보는 것이다. 그러면 많은 것을 배울 수 있다.

자연현상을 사색으로 연결해 보자

2016년 여름은 정말 더운 여름으로 기억될 것이다. 2016년 8월의 평균기온은 예년보다 3.6도나 더 높았다고 한다. 이

것은 상당히 심각한 문제이다.

평균기온이 3.6도나 더 오른 이유는 무엇일까? 아마도 지구의 온난화 영향이 클 것이다. 온난화는 왜 일어나게 되었을까? 온난화는 환경오염 때문에 일어난 것이다. 그렇다면 온난화를 줄이려면 어떻게 해야 할까? 자연보호와 환경보호에 더 많은 신경을 써야 할 것이다.

지구가 환경오염으로 인해서 온난화가 일어났다면 사람도 마찬가지가 아닐까? 어떤 사람이 사회적인 문제를 일으키는 것은 반드시 다른 원인이 있다는 것이다. 환경오염이 지구 온난화의 주범이듯이 사람의 문제에도 반드시 원인이 있다는 것이다. 사람이 사회적인 문제를 일으키는 것은 상처와 스트레스가 원인이 될 수 있다. 따라서 사회적인 문제를 줄이려면 상처와 스트레스를 줄여야 한다.

사회적인 문제를 줄이기 위해서 상처와 스트레스가 없는 사회를 만들려면 어떻게 해야 할까? 가정과 학교와 사회에서 인성교육을 충실히 해야 할 것이다. 인성교육의 핵심은 사람다움에 있는 것이다. 사람다움을 최우선의 가치

위대하라

로 여기는 인성교육이 잘 이루어지면 상처와 스트레스가 줄어들게 될 것이다. 그러면 사회적인 문제가 줄어들 것이고 대한민국이 아름다운 나라가 될 것이다.

이런 식으로 자연현상을 보고 무심히 지나치지 말고 유심히 보고 사색으로 연결하여 배움의 기회로 삼으라는 것이다. 그러면 우리는 자연현상을 통해서도 많은 것을 배울 수 있다.

04
위대한 '일두독론국민독서' 이야기

대한민국의 미래는 안녕한가? 대한민국의 미래는 희망이 있는가? 많은 사람들이 염려하고 있고 경제지표들 또한 많은 우려를 나타내고 있는 상황에서 대한민국의 미래가 안녕하다고 말하기는 어렵다.

한국은행은 2017년 경제성장률을 2.8%로 낮춰서 잡으면서 "한국이 내년에 3% 성장을 달성하기는 어려울 것으로 예상된다"고 말했다. 경제협력개발기구(OECD)는 지난 11월 28일에 대한민국의 2017년 경제성장률 전망치를

위대하라

2.6%로 수정했다. 종전의 3.0%에서 0.4%나 떨어뜨려서 예상한 것이다.

경제전문가들은 "대한민국 경제침체의 근본적인 원인은 지지부진한 구조개혁, 정치 리스크, 한국의 중장기 리스크 등이다. 그리고 경쟁력이 약화되고 있는 공공분야와 민간분야에서의 구조개혁이 날로 지연되고 있어서 어려운 것이다"라고 예상하고 있다.

대한민국의 젊은이들은 3포 시대에서 살고 있다. 대한민국의 젊은이들은 첫 번째로 연애를 포기했고, 두 번째로 결혼을 포기했고, 세 번째로 출산을 포기했다고 한다. 젊은이들이 취업난에 시달리면서 경제적 문제 때문에 연애도 못하고 결혼도 못하고 출산도 못하는 시대를 살고 있다는 것이다. 그래서 젊은이들은 '헬조선'(대한민국은 지옥이다)과 '이생망'(이번 생은 망했다)이라는 말로 자조적인 한탄을 하고 있다.

비단 젊은이들만의 문제가 아니다. 대한민국은 노인 빈곤율과 노인 자살률에서도 1위를 달리고 있다. 이것은 저

성장 시대를 살고 있는 대한민국의 현주소이다.

대한민국이 많이 힘들고 어려운 상황에 있지만 희망적인 요소를 찾아보기가 어려운 것이 현실이다. 대한민국을 세상에서 가장 강하고 아름답고 풍요롭고 살기 좋은 나라로 만들어 갈 수 있는 새로운 대안이 절실하게 필요한 시대가 된 것이다.

대한민국의 운명을 바꿀 수 있을까? 나는 대한민국의 운명을 바꿀 수 있다고 자신한다. 대한민국의 운명을 바꾸기 위해서는 '일두독론국민독서' 프로젝트를 실천하면 된다. '일두독론국민독서' 프로젝트는 일주일에 두 권의 책을 읽고 일주일에 두 시간의 토론을 하는 국민독서운동이다. 대한민국에서 '일두독론국민독서' 프로젝트가 뿌리를 내리면 세상에서 가장 강하고 아름다운 위대한 나라가 될 것이라고 확신한다.

세계에서 가장 책을 많이 읽는 나라는 미국과 일본이다. 미국과 일본의 평균독서량은 1년에 80권이다. 미국과 일본이 세계 1,2위 국가를 다투는 이유가 여기에 있다. 유럽에 있는 선진국들의 평균독서량은 1년에 50권이다. 중국의 평균독서량은 1년에 23권이다. 중국이 서서히 잠에서 깨어나고 있는 이유가 독서량이 점진적으로 늘어나고 있는 것과도 관련이 있는 것이다.

2015년 대한민국의 평균독서량은 9.2권이다. 대한민국의 성인들이 한 달에 한 권도 책을 읽지 않고 있다는 것이다. 419라는 말이 있다. 419는 대한민국의 40대 이상의 국민 중에서 한 달에 책을 한 권도 읽지 않는 사람들이 90%가 넘는다는 말이다. 대한민국의 평균독서량은 매년 줄어들고 있어서 매우 심각해지고 있는 것이 현실이다.

대한민국에 '일두독론국민독서' 프로젝트가 뿌리를 내리면 대한민국은 세상에서 가장 강한 나라가 될 것이다. 대한민국이 일주일에 두 권의 책을 읽으면 1년에 100권의 책을 읽을 수 있게 된다. 대한민국이 1년에 100권의 책을 읽으면 미국이나 일본보다 20권이 더 많고 유럽 선진국보다 50권이나 더 많이 읽게 된다. 모든 국민이 1년에 100권의 책을 읽으면 대한민국은 세계 1위 국가가 될 수 있다.

세계 1위 국가가 되어 세상에서 가장 강하고 아름다운 나라가 될 것이다. 대한민국에 '일두독론국민독서' 프로젝트가 뿌리를 내리면 대한민국은 세상에서 가장 아름다운 나라가 될 것이다.

대한민국은 곳곳에서 분열과 다툼으로 몸살을 앓고 있다. 서로 상생(相生)하고 공생(共生)하는 것이 아니라 분열과 다툼으로 얼룩진 나라가 되었다. 대한민국이 분열과 다툼으로 얼룩진 것은 불통(不通)이 가장 큰 원인이다. 주입식과 암기식 위주의 교육제도의 영향으로 토론하는 법을 몰라서 소통에 큰 어려움을 겪고 있는 것이다.

대한민국의 모든 국민이 일주일에 두 시간의 토론을 하게 되면 불통에서 오는 모든 문제들이 해결될 것이다. 그러면 대한민국은 세상에서 가장 강하고 아름다운 나라가 될 것이다.

'일두독론국민독서' 프로젝트를 실천하여 일주일에 두 권의 책을 읽으면 대한민국은 세상에서 책을 가장 많이 읽는 나라가 되어 세상에서 가장 강한 나라가 될 것이다.

위대하라

'일두독론국민독서' 프로젝트를 실천하여 일주일에 두 시간의 토론을 실천하면 뜨겁게 소통하고 따뜻하게 포용하는 문화가 형성되어 상생하고 공생하는 나라가 되어 세상에서 가장 아름다운 나라가 될 것이다.

'일두독론국민독서' 프로젝트가 실현되면 대한민국은 세상에서 가장 강하고 아름다운 나라가 될 것이다.

'일두독론국민독서' 프로젝트에 대해서 말하면 한 달에 한 권도 읽기가 힘든데 어떻게 일주일에 두 권의 책을 읽냐고 반문하는 사람도 있다. 물론 처음부터 일주일에 두 권의 독서를 하는 것은 무리일 수 있다. 처음에는 일주일에 한 권의 독서를 실천하면 된다.

일주일에 한 권의 독서를 실천하기 위해서는 하루에 1시간 독서운동을 실천하면 된다. 대한민국의 운명을 바꾸기 위해서라면 하루에 1시간은 충분히 투자할 가치가 있다.

하루 1시간이면 일주일에 7시간의 독서시간을 확보할 수 있다. 일주일에 7시간의 독서시간을 확보하면 일주일에 한 권의 독서를 얼마든지 실천할 수 있게 된다. 처음에는 7시간 동안 한 권의 책을 읽을 수 있지만 독서 근육이 생기면 독서하는 속도가 빨라져서 7시간이면 두 권의 책도 읽을 수 있다. 우리가 안 쓰던 근육을 쓰면 몸에 무리가 가지만 계속해서 운동하면 근력이 강해져 힘들지 않게 운동할 수 있다.

독서 근육도 처음에는 많은 힘이 들 수 있다. 그러나 계속해서 꾸준히 독서를 하게 되면 독서 근육에도 근력이 붙어서 힘들지 않게 독서할 수 있게 된다. 그러면 독서 속도가 점점 빨라져서 7시간이면 충분히 2권의 독서도 할 수 있게 된다.

일주일에 두 시간의 독서토론을 하는 것이 현실적으로 가능하겠냐는 반문도 듣게 된다. 그러나 일주일에 두 시간의 독서토론을 시행하는 단체가 이미 나타났다.

대한민국 육군은 일주일에 두 시간의 독서토론을 이미 시행하고 있다. 육군참모총장이 장병들의 인성교육의 일환으로 독서운동을 실천하라고 전 장병들에게 지시하였다.

육군참모총장이 모든 장병들에게 일주일에 1시간의 독

위대하라

서토론을 하라는 지시를 내렸다. 그래서 대한민국 육군이라면 누구나 매주 한 권 이상의 책을 읽고 1시간의 독서토론을 하고 있다. 현재는 육군에서만 시행되고 있지만 앞으로는 대한민국의 모든 공동체로 퍼져나갈 것을 기대하고 있다.

대한민국의 모든 가정과 학교와 기업과 관공서와 군부대의 모든 공동체에서 일주일에 두 권의 책을 읽고 두 시간의 독서토론을 시작하면 되는 것이다. 그러면 대한민국은 세상에서 가장 강하고 아름다운 위대한 나라가 될 것이다. 대한민국의 미래는 '일두독론국민독서' 프로젝트에 달려 있다고 확신한다.

까마라(Câmara)는 "한 사람이 꿈을 꾸면 한 사람의 꿈으로 남지만 많은 사람이 함께 꿈을 꾸면 꿈이 현실이 된다"고 말했다. 지금은 많은 사람이 꿈을 꾸고 있지 않지만 머지않아 대한민국의 모든 공동체의 리더들이 동참할 것이라고 기대한다. 육군참모총장이 실천하였듯이 대한민국의 모든 공동체 리더들이 동참하면 대한민국의 현실이 될 것이다.

위대한 대한민국을 위해서 '일두독론국민독서' 프로젝
트를 제안한다.

독서하는 그대가 대한민국의 미래이자 희망이다!

에필로그

대한민국은 오천 년 동안 힘들고 어렵게 살아왔다. 936회의 외침에 의해 수많은 아픔을 겪어왔다. 외침에 의해서도 아픔을 겪었지만 국민들 간에도 하나가 되지 못하고 분열과 다툼으로 고통을 주고받으면서 살아왔다. 오천 년 동안 많은 아픔을 겪어온 것은 국민들의 마음이 작았기 때문이다. 국민들의 마음이 작아서 강하고 아름다운 나라가 되지 못했고 행복한 삶을 살지 못한 것이다.

대한민국이 강하고 아름다운 나라가 되어 모든 국민이 행복하게 살아가기 위해서는 국민들의 마음이 커져야 한다. 국민들의 마음이 크고 위대한 마음으로 진화해 가야 한다.

지금부터는 대한민국의 모든 국민들이 크고 위대한 마음을 갖겠다는 굳은 각오를 했으면 좋겠다. 특히 3포 시대를 살고 있는 젊은이들이 더욱더 강하고 비장한 각오를 했으면 좋겠다. 나의 운명을 위대하게 바꾸겠다는 비장한 각오로 위대한 꿈을 꾸고 위대한 결심을 하고 위대한 공부를 시작하면 좋겠다. 그래서 모든 국민들이 별처럼 빛나는 위대한 삶을 살았으면 좋겠다.

대한민국은 홍익인간을 실현하기 위해서 건국된 나라다. 대한민국은 세상 모든 사람들을 이롭게 하기 위해서 세워진 위대한 민족이다. 대한민국의 건국이념은 정말 크고 위대하다. 모든 국민들이 세상에서 가장 크고 위대한 건국이념인 홍익인간을 실현하기 위한 위대한 노력을 시작해야 한다.

위대하라

대한민국은 위대한 운명으로 위대해야 한다.

대한민국은 위대한 꿈으로 위대해야 한다.

대한민국은 위대한 결심으로 위대해야 한다.

대한민국은 위대한 공부로 위대해야 한다.

그러면 대한민국의 모든 국민들이 홍익인간이 되어 별처럼 빛나는 위대한 삶을 살게 될 것이다.

지금부터 위대한 도전을 위대하게 시작하라!

위대한 생각이 위대한 사람을 만들고
위대한 국가를 만드는 것이다